角倉了以の世界

宮田　章

大成出版社

装幀・組版設計　道吉　剛

角倉了以像
大悲閣千光寺所蔵
著者撮影

角倉了以の世界

はじめに

　春の桜と秋の紅葉の美しさは、我々の享受できる日本の自然の美の極致である。保津川下りと川沿いのトロッコ列車から見る周囲の風景は、桜と紅葉の両方を満喫でき、観光シーズンには多くの人で賑わう。しかしそのなかで角倉了以の名を思い浮かべる人はほとんどいないであろう。

　同じようなことが京都の高瀬川でもいえる。高瀬川といえばまず森鷗外の『高瀬舟』が連想される。ここでも角倉了以と結びつけて考える人は少ない。

　角倉了以は京都の大商人である。このことは多くの人に知られている。どちらかといえば朱印船貿易の印象が強いからであろう。統一政権による社会の安定化を背景に多くの朱印船が東南アジアを目指した。角倉船は当時としては大船であった。その船の渡航により多くの利益を上げ、角倉家の事業を支えた。

　角倉家の朱印船貿易で注目すべきは、自分を利するばかりではなく、貿易の相手側にも配慮した舟中規約を設けていたことである。現在では企業の社会的責任が問われているが、当時としては、多くの商人とは異なった価値観を持った行動原理であるといえる。

　朱印船貿易は日本の歴史の本でも触れられることが多い。角倉船もその中で取り上げられている。しかし、先の舟中規約に見られる自制した行動に注目したものは少ない。

一方、角倉了以の事業で、朱印船貿易以上に注目されねばならないのが、河川に舟を通わすという事業である。保津川・富士川の開発がそれである。この時代、全国的に米を中心とする大量輸送が求められ、河川は有効な輸送手段となった。いくつかの地方でそのための通船工事が試みられた。

保津川や富士川の工事は、時代を先取りしたものでもあった。また京の都における高瀬川の開削は、物資の流通に寄与し、京都の都市構造も変えていった。角倉了以はこれらの事業を自費で行った。今日でいえば、ＰＦＩ（プライベート・ファイナンス・イニシアティブ、民間資金活用）である。そして公共事業にありがちな補償問題にも目を背けることはなかった。

角倉了以という名は知っていても、その事績を言える人は少ない。私もその一人であった。了以の足跡を辿り原稿を書きながら、成し遂げたことに初めて触れることができた。前に述べたように保津川下りの舟は大変な賑わいであり、高瀬川は森鴎外の著作で世に知られている。しかし、その事業が角倉了以と素庵という父子によって成し遂げられたことを知る人は少ない。

いずれも大変困難な事業でありながら、ほとんど世に知られていないのは何故であろうか。戦いの連続である戦国大名のような、ある意味での華やかさや壮絶さからは程遠い。このことも影響しているであろう。しかし、了以の事業は、戦国大名が戦に臨むのと同じような意志を持たなければ遂行できなかったといえる。

公的な事業であれば避けられる危険負担も、私的な事業であれば家運が傾くことも覚悟しなければならない。そのような困難な事業に何故了以は挑んだのか、そしてそれらの事業はどのように実行されたのか、それは想像の世界でしか語ることはできない。

しかし、限られた資料からではあるが、了以の事業を淡々と辿ることも必要と思われる。すでに紹介されたものもあるが、本書では了以の事業およびその周辺、つまり「角倉了以の世界」をできるだけ忠実に取り上げることにした。

また、信長・秀吉・家康の治世下の激動の時期を、了以自身は時の権力と距離を置きながらも、朱印船貿易や河川開発の困難な事業を成し遂げたということも注目に値する。

了以没後四世紀の今日、多くの地方に残された角倉了以の足跡は、我々が今まで知らなかった世界に導いてくれる。本書はこれらに触れるささやかな一助になれば幸いである。

目次

第一章　了以の理想

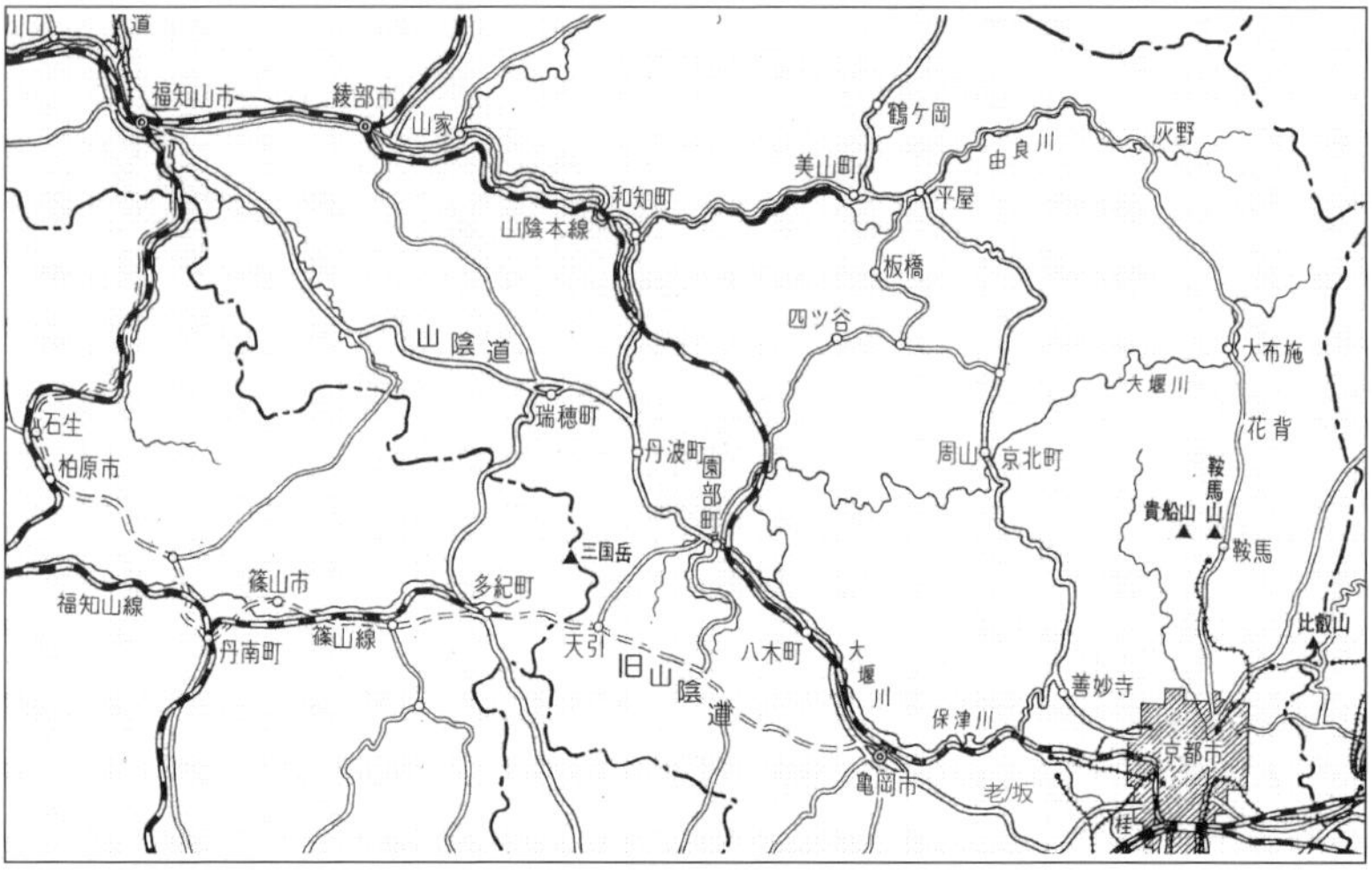

丹波の道
（岸哲夫・山本建三著『丹波路』より）

丹波路

まだ若い頃、山陰地方から列車で京都に入ったことがある。山陰の海沿いでは、鷹が大きな蛇を両足の爪で捕まえ、その重さに耐えかねてか、我々の乗る車両すれすれにしばらく飛んでいた。季節は秋、雨が弱い風を伴って静かに降っていた。丹波地方に入ると雨は上がり、一面の霧であった。その霧も次第に薄れ、山容が見えてきた。まさしく大きな屛風に描かれた墨絵を見るような風景であった。丹波の霧は秋の風物詩でもある。

京と丹波を結ぶ丹波路とも呼ばれる山陰道には、盆地が点在する。亀岡、篠山、福知山などの盆地を縫いながら、山陰道は京から丹波を経て日本海側に出る。もっとも今の山陰道は、篠山を通らない。篠山は古代山陰道の通過した町である。

亀岡駅で降りると、明智光秀を大河ドラマにという署名活動を見かけた。丹波では、名君として今でも慕われている。光秀は信長から命じられた丹波平定のため、亀山城（明治以前、亀岡は亀山と呼ばれていた）を築いた。亀岡はその城下町であったが、今は濠の一部とわずかな石垣を残すのみとなっている。

亀山城は光秀の死後、徳川の時代になって大改修が加えられたが、明治十（一八七七）年廃城となり荒れ果てた。その後、大正八（一九一九）年大本教《おおもときょう》により買い取られる。大本教は出口王仁三郎《わにさぶろう》による新興宗教だが、昭和初め徹底的に弾圧され、亀山城も破壊された。城跡に佇むと寂寥感が漂うが、宗教活動は現在も続いている。

亀岡市内には、足利尊氏が六波羅探題を襲うため願掛けをした篠村八幡宮などもあり、歴史に彩られた町である。保津川下りの観光船はここから出る。

篠山は、徳川家康が十五ヶ国の外様大名に命じ、七ヶ月で完成させた篠山城の城下町である。この大名たちは完成後、名古屋築城にまわされ、多くは疲弊した。当初、この地には家康の実子、松平康重が任ぜられたが、後に東京の青山の地名でも知られる青山忠俊の城下町となった。

篠山市は平成の「大合併」第一号であるが、『文芸春秋』二〇一〇年四月号で、「篠山市の失敗「合併の優等生」は、なぜ破綻寸前に陥ったのか」という記事を見かけた。財政状況はかなり厳しいようだ。

山陰道以外にも、丹波の産物を京に運ぶには、北山杉の里として有名な周山、今は京北町となっているが、そこを通る周山街道がある。この道は若狭と京を結ぶ近道とはいえ、谷沿いの集落を結んで蛇行する道である。集落はこれまでに河川の増水とともに大きな被害を受けてきた。

盆地から盆地に移動するには、山を越えなければならない。丹波の山はそれほど高くはない。しかし、その険阻さは古くから伝えられていた。『嵯峨誌』には、「巨岩絶壁相対する」との表現があり、広重が描いた「六十余洲名所図会」のなかにも巨岩が橋のように架かっている絵がある。古代山陰道の篠山に抜ける、氷上・多岐両郡の間の鐘坂峠である。このように決して高くはないが、岩山が路幅を広げるのを阻害しているというのが丹波および周辺の道の特徴であったようだ。

この山陰道の、京に入る最後の難関が老《おい》ノ《の》坂《さか》峠を越える山道であった。老ノ坂が丹波と京の境界でである。さすがにここまでくると、丹波路も山道の難儀さはあっても巨岩絶壁という感じではない。しかし、昼なお暗い鬱蒼とした樹木が覆いかぶさる峠道であった。

老ノ坂には、源頼光に討たれた酒呑童子の首塚がある。説明書によると、「源頼光一行は大江山から鬼の首を討ち取り帰る途中、ここまでくると鬼の首が重くなり動かなくなったので、この地に埋めた」とある。それ故、首から上の病に霊験あらたかとされ、大明神として祀られている。鬼はともかく、乱世には追いはぎや強盗が出没した、京で悪事を働いた人間の逃げ込む場所であったようだ。巨岩絶壁はなくとも、旅人には丹波路は気の休まらない街道であった。

老ノ坂を通る丹波路は、源義経が京から一の谷に向かって駆け抜けた道であり、明智光秀が本能寺に向かい、桔梗の旗を掲げながら通った道でもあった。もっとも桔梗の旗は、唐櫃越《からとごえ》の間道を通ったという説や、いくつかに分かれて京に向かった話など、いろいろあるようだ。

一方、京に入る水の道が保津川である。保津川は亀岡で山陰道とは分かれ、やや北から京に入る。この川は、法律上は上流から下流まで桂川であるが、歴史を背負い、地方により様々な呼ばれ方をされている。保津川が瀞や急流の繰り返す、両岸の岩山を削り取ったような変化に富んだ流れから、川幅の広いゆったりした流れになるのが、嵯峨野である。

そして、ここに架かる渡月橋と周辺の山々、低い町並みは、国内でも有数の景観を作り出している。現在の位置に渡月橋を架けたのは角倉了以である。保津川の工事とも密接な関係がある。しばらくは、この周辺を散策してみよう。

松尾大社と葛野大堰

渡月橋を渡り下流方向にしばらく進むと、松尾山（二百二十三メートル）を背に松尾社が鎮座する。戦前は松尾神社、戦後（昭和二十五年から）は松尾大社《まつおのたいしゃ》と呼ばれ、加茂神社とともに京都最古の神社として、平安遷都後、都守護の神として崇拝されてきた。

松尾山は信仰の山、松尾山の頂上近くには巨大な岩石があり、これが太古この地方一帯に住んでいた人々の信仰の対象となっていた盤座《いわくら》である。前日の雨で山に登ることは禁止されていたが、そのかわり、松尾大社の方から丁寧な説明を頂けたのは幸いだった。

松風苑と呼ばれる三つの庭は庭園家重森《しげもり》三玲《みれい》の晩年の傑作とされ、使われている石はすべて徳島吉野川の青石である。三つの庭のうち、上古の庭と称されるのは、盤座に因んで作られたとされ、笹と岩だけのものだが、盤座に向かう自然のなかの厳粛さを感じさせるものである。ただ一体となるべき横の宝物館がこの庭と調和を欠いているのが残念ではあったが。

五世紀に朝鮮半島から渡来した秦氏はこの地方に移住し、松尾の神を総氏神としたとされている。秦氏は土木事業によりこの地方の開発に貢献した。

古代において、農業はすべての基本であった。堯・舜・禹の時代より、為政者も宗教者も農地を広げ、より豊かにすることに意を注いだ。農業土木技術を持つものは、かけがえのない存在であった。秦氏もその持つ技術で山城の国に豊かな農地を創り出した。

桂川は松尾山の山麓を流れる。古くは葛野川《かどのかわ》と呼ばれ、暴れ川で知られていた。

秦氏は、この川の今の渡月橋の近くに堰を設け、葛野《かどの》郡を豊かな土地に変えていった。この堰が葛《かど》野《の》大堰《おおぜき》と呼ばれ、今も渡月橋上流の川底にその一部を残しているといわれる。

秦氏の敬う松尾大社は、酒の神としても知られ、全国各地に松尾神社として勧請されている。例えば、安芸《あき》国における酒の都である西条の松尾神社の祭神は、大山咋神《おおやまくいかみ》で嵐山から一九二六年に分霊を受けている。

松尾大社、上古の庭（重森三玲作）

松尾大社の境内の石燈篭のほとんどが、京、滋賀、大阪の醸造業者の寄進となっている。松尾山から流れた渓流が「霊亀の滝」となり社殿の間を流れ、滝の近くに「亀の井」と名づけられた霊泉があり、酒造家はこの水を持ち帰るといわれる。

なぜ酒造りの神様となったかは、松尾大社の神職を務めてきた秦氏の存在があるようだ。秦氏は『日本書紀』によれば、弓《ゆ》月君《づきのきみ》が応神十四（二八三）年に百済から多くの人を連れて帰化した。秦氏の持っていた技術に酒造りがあるといわれる。「秦酒公」という名前も見えるくらいだから酒に縁のあった集団に違いない。

渡月橋の近くには法輪寺がある。寺伝によると行基の建立した葛井寺《くずいでら》を、空海の弟子道唱が再興したとされている。道唱は秦氏の設けた葛野大堰をその後改修したとされ、その碑が建てられている。渡月橋は平安時代、法輪寺橋と呼ばれ、最初の渡月橋も道唱が架けたとされている。

秦氏が葛野大堰を造り、豊かな農地を生み出してから十世紀を経て、今度は稀有の天才事業家角倉了以により、保津川の水運は開かれ、丹波の物産は、より安全に京に持ち込まれることになるのである。現在の渡月橋は前に述べたとおり、保津川開鑿のため、以前の位置より下流に移され、角倉了以により架け替えられたものである。

角倉一族

『源平盛衰記』は私の小さい頃の愛読書だった。そのなかでも、佐々木高綱と梶原影季の宇治川先陣争いは幼い心をときめかせた。その佐々木高綱の弟、厳秀《かねひで》が近江の吉田の地（現在の滋賀県犬上郡豊郷町）に領地をもらい、吉田姓を名乗った。角倉の祖である。一族が角倉を名乗るのは後のことである。

厳秀から数えて九代目の徳春は医術をもって足利将軍家に仕え、隠居後、嵯峨の角倉に住み着くようになる。徳春から三代目の宗忠は、帯座と土倉《どそう》で財を成し、その後の角倉家の商業的基盤を確立した。中世の座は、製造・販売などの独占的権利を持つ同業組合だが、宗忠は神社の庇護（これには愛宕神社説と日吉神社説がある）のもと、天文十三（一五四四）年より帯座の座頭職にあった。土倉は、今でいう質屋から発展した金融業である。宗忠の子、宗桂は名医としても声望があった。もちろん商売のほうもおろそかではなかったが、こちらの才能は宗忠の長子の子、栄可が引き継ぎ発展させた。了以は宗桂の子であり、栄可とは従兄弟にあたるが、了以の妻は栄可の娘なので親子の関係でもある。宗忠から栄可に引き継がれた角倉家の財力はその後、了以の事業を支えることとなった。

なお、了以という名は法号「珪応了以」からきているといわれるが、名乗った時期は判明していない。本名は與七であるが、本書では了以という名で通す。また角倉については、地名という説、屋号という説などいろいろあるが、ここでは、先祖以来の吉田姓ではなく、角倉を使用した。したがって、正確には時代により使われていた名前は異なるが、本書では、角倉了以で統一した。

また角倉一族からは、文化人としても有名な了以の長子素庵をはじめ、『塵劫記』により江戸期の日本人の数学の能力を高めたとされている吉田光由《みつよし》など、日本の学術・文化に貢献した多くの有能な人物を輩出している。

大悲閣

角倉了以が建立し、了以の木像が安置されている大悲閣に登った。登るという言葉が適当であるか微妙な高さである。嵯峨野の天龍寺方面から渡月橋を渡り、しばらくは保津川に沿って進む。この辺りは川幅も広く、保津川上流の激しさは想像できない。

奥嵐山ということになっているのだが、嵯峨野の賑わいに比べると、訪れる人は極めて少ない。京都の観光案内書にもほとんど紹介されていない。JR嵯峨嵐山駅からタクシーに乗ったが、若い運転

大河内山荘から対岸の大悲閣を見る

手は場所がわからなかった。もっとも普通車が通れる道幅ではない。保津川沿いの道を一キロメートルほど行くと、嵐峡館という旅館がある。大悲閣はここから、しばらく山道を登ると辿り着く。

嵯峨野にある大河内山荘から対岸を見ると、大悲閣が山中にひっそりと埋もれている。決して景観を壊すような建てられ方はされていない。当時の了以ほどの財力があれば、自己顕示のため、いくらでも目立つものが建てられたはずである。しかし、訪れてみると実に質素である。

大悲閣の月見台からは、嵯峨野と遥かに霞む京都市街が望める。保津峡を眼下に、山奥の幽境さと観光地の華やかさを同時に感じることができる場所でもある。大都市近郊の景観としては、これ以上のものはない。

ただ残念なことには、江戸期まで隆盛を誇った一族も、昭和期の激動に晒された。寺も一時期はかなり手を入れなければならなかったが、了以没後四百年を迎え新しい姿が見られることになった。

大悲閣とは観世音菩薩の像を安置した仏堂をいうが、今では了以の建立したこの地のもので世の中に通っている。了以は、保津川工事で亡くなった人々の菩提を弔うため、嵯峨野清涼寺近くにあった千光寺をこの地に移した。二尊院の僧道空了椿を中興開山とし、建立したものである。

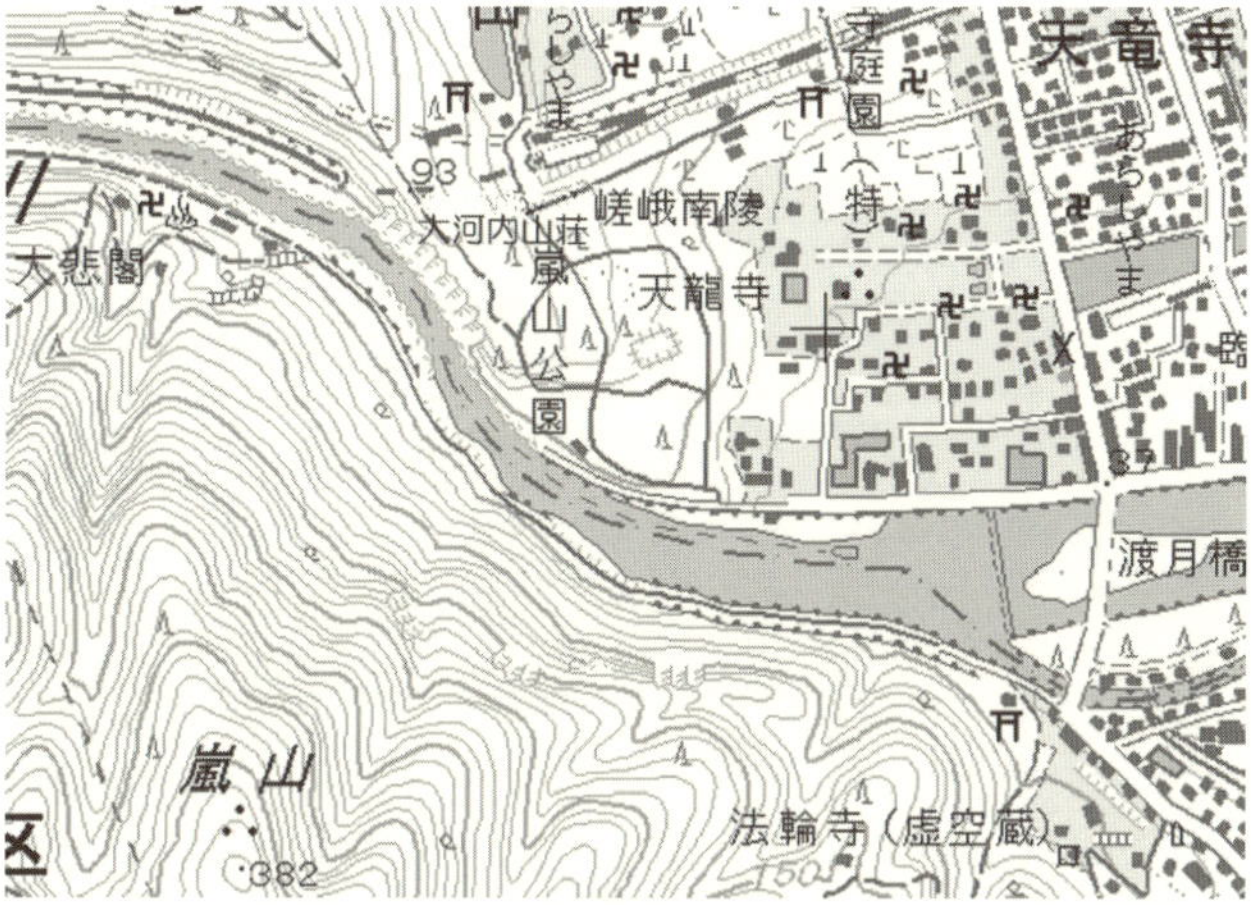

渡月橋周辺図

大悲閣下の保津川の流れ

晩年を嵯峨野で過ごした松尾芭蕉も大悲閣を訪れた。詠んだ句が「花の山二町のぼれば大悲閣」、句碑は上り口にある。

ここにある了以の木像は「巨綱を巻いて座となし、犂《すき》をもって杖となさん」という遺命により造られたというものだが、多くの本はこの木像を了以の激しい気性と不屈の意思を顕したものとしている。しかし了以の建立の想いは、工事で尊い多くの人命を失ったことによる、もっと複雑なものがあったに違いない。これ以上この偉大な人物の心を覗くのは、あまりにも恐れ多い。

了以の理想

了以は、京を舞台に活躍した大商人である。この時代、多くの富商と呼ばれる大商人が誕生した。しかし、富を得たものは、さらに多くの富に執着するのが、人の性である。その富が場合によっては権力と繋がり、自らの身を滅ぼしていった。あるいは、蓄えた富から得た虚構の権威に自らを陶酔させるものもいた。

了以は自らの富を保津川の工事という、いわば公共事業に投資した。投資は、通常更なる富の獲得を目的とするものだが、了以の場合、後々の利益もさることながら富の有効な活用にあったと思われる。それによって自己実現を果たした点では、大商人としては稀有な存在であった。

作家の辻邦生氏は『日本史探訪』で次のように述べている。

「了以の考えている仕事の理想は資本主義の初期の商人と同じように、―ヨーロッパの場合もそうですけど―利益追求という発想より、有無を通じたり、福祉を高めたり、喜びをもたらしたり、より合理的な、人間らしい生活を作ったりすることだったようです。つまり、企業欲のなかに社会性・公共性というものがあって、そういうものを社会のなかで仕事を通して、実現することが、なにかある高い目的を実現していくことになる、ということだったのではないかとかんがえられますね。」

了以は保津川の事業だけではなく、後に富士川や高瀬川の事業等を手掛けた。いずれも巨額の費用を必要とする。一族の富を基とした了以の朱印船貿易は、保津川事業などに必要な資金の源ともなった。

第二章　朱印船貿易

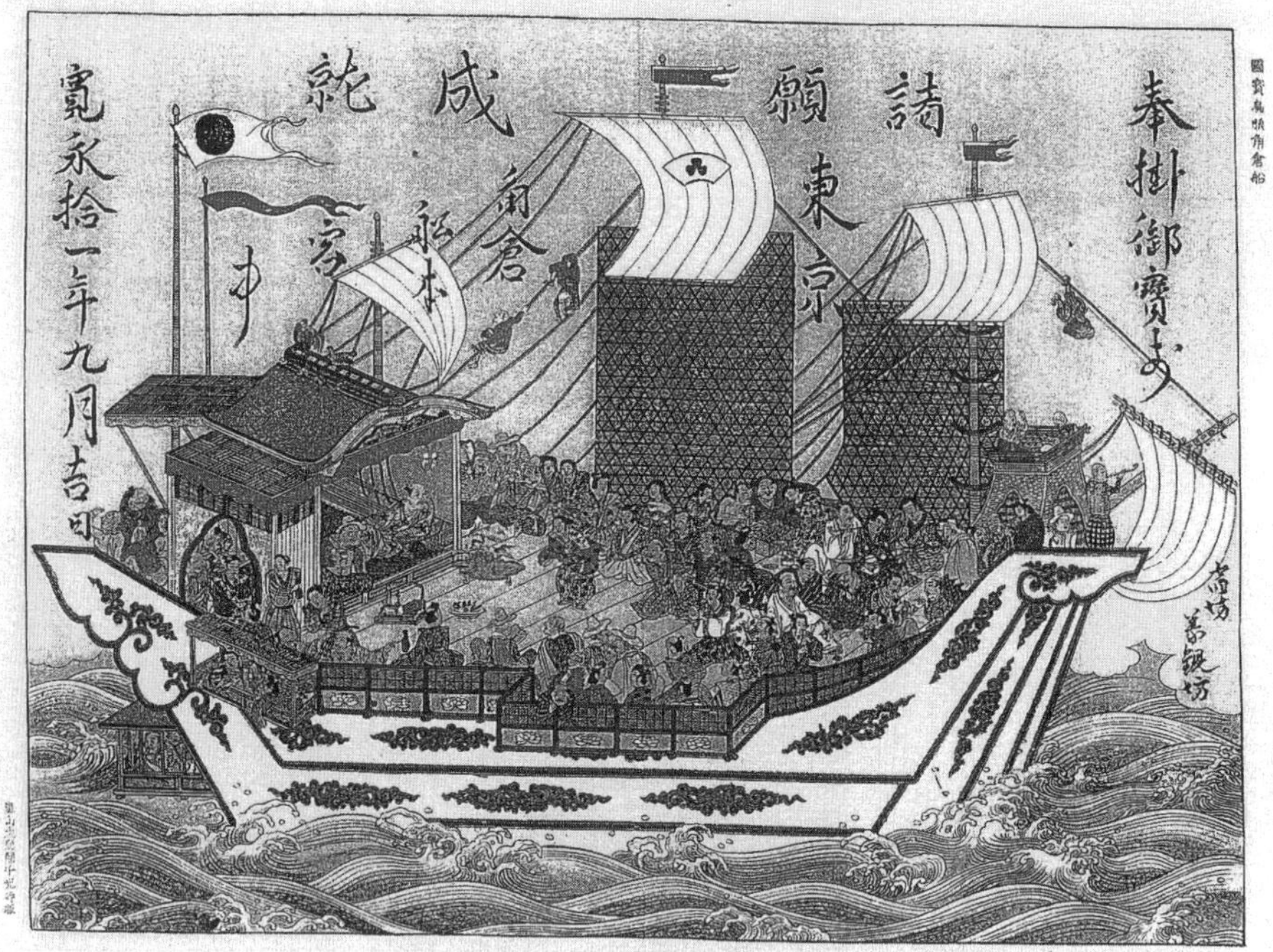

朱印船角倉船絵図（大悲閣千光寺所蔵）

天龍寺

初めて天龍寺を訪れた時は紅葉の時期であった。嵯峨野を散策した後、京福電鉄嵐山駅方面から天龍寺の参道に入った。白い壁に木の枠組みを現した庫裏の妻面を見ながら辿るこの道は、四季折々にその季節を映し出す夢窓国師の庭へ静かに誘《いざな》っていた。

天龍寺は、吉野で亡くなった後醍醐天皇の菩提を弔うため、足利尊氏が夢窓国師を開山として創建したものである。尊氏は、時には逆賊の名を被《こうむ》ることもあったが、夢窓は尊氏を勇気・慈悲・無欲の人と称えている。天龍寺は尊氏の想いの籠《こ》められた名刹である。

二度目に京を訪れた時は、すでに桜の季節は終わりかけていた。わずかに遅咲きの仁和寺の御室桜が京の春の風情を感じさせてくれた。天龍寺の枝垂れ桜も盛りの頃の見事さを思わせるのみで、土を覆う花びらもほとんど見られなかった。しかし、それに代わる大方丈から見る曹源池に映える新緑は、日本庭園の清らかさを充分に感じさせてくれた。

私は西洋式庭園をあまり好まない。ベルサイユやシェーンブルグの庭園を見ても、手入れの良さや壮大さは感じても、心を惹きつけるものは少なかった。夢窓国師の作である天龍寺の庭を見て、長い時間想いに耽る外国人の姿も見受けられた。国は異なっても相通じるものがあるのかもしれない。

この時の天龍寺への道は、天龍寺の塔頭の一つである宝厳院《ほうごんいん》の方から入った。宝厳院の庭は季節により見学できる。雨であったのと桜の季節が終わっていたため、訪れる人もまばらであったが、よく整っ

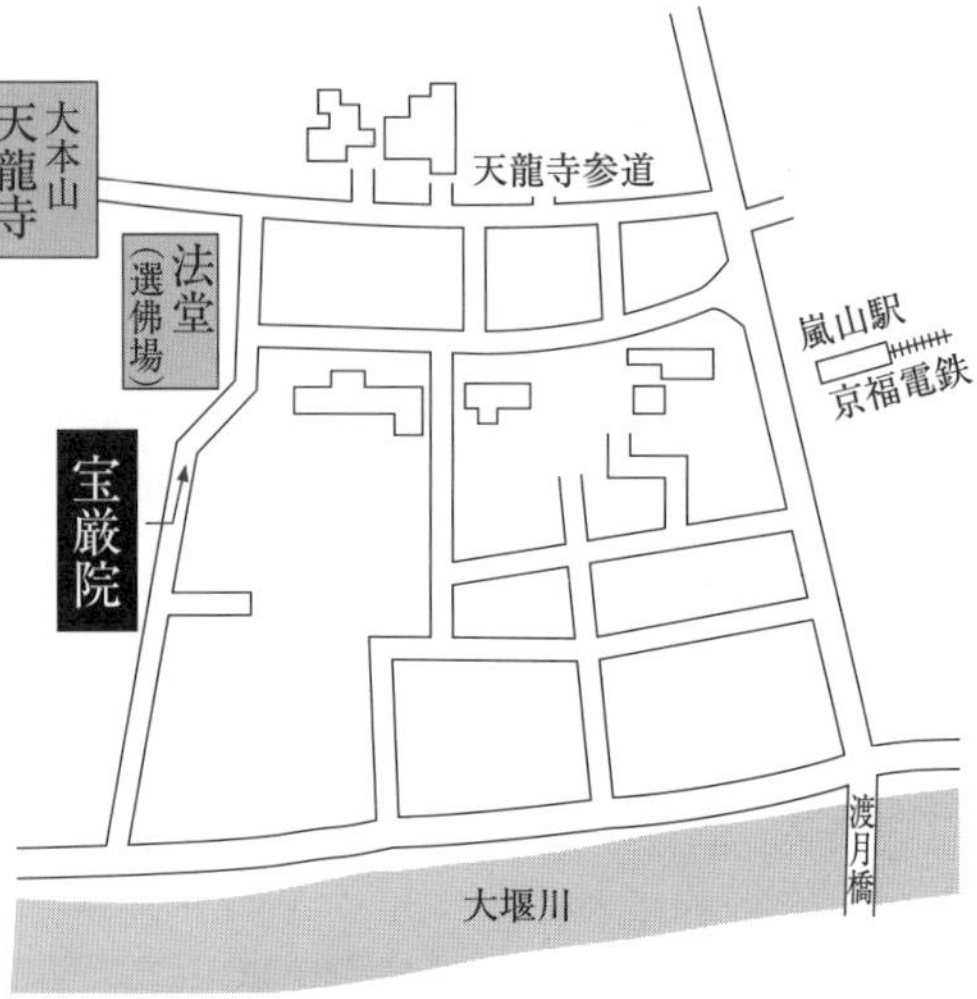

天龍寺周辺図

た回遊式の庭園を静かに観賞することができた。

　やや濃いみどりと、柔らかな若葉の織りなす新緑に、薄紅のつつじの花びらが鮮やかに映えて、世塵を忘れさせるような美しさであった。この庭園は獅子吼の庭と呼ばれ、室町時代、二度中国に渡った天龍寺の禅僧、策彦周良《さくげんしゅうりょう》の作として知られている。獅子吼とは「仏が説法する」との意味があるとかで、庭内には周良が獅子岩と名付けた巨岩がある。

　ところで、天龍寺創建のため尊氏は備後や日向の国などの土地を寄進したが、それだけではとても足りず、天龍寺造営の資金に当てるため、暦応四（一三四一）年、いわゆる造天龍寺船が派遣された。夢窓がこの貿易を請け負わせるため幕府に推挙したのは博多商人の至本である。至本について詳しいことはわかっていないが、天龍寺の造営費用五千貫文を納めたという。中世の銭貨は一文が百円で数えられることも多い（日銀金融研究所貨幣博物館）ようで、もしそれを適用すれば、現代の価格でいえば五億円ということになるのだが。

　その後、明との貿易は続き、先に述べた策彦周良は天文八（一五三九）年と天文十六（一五四七）年の二度、遣明使僧として中国に渡っているが、了以の父宗桂は二度とも周良に随伴している。この時の様子は『策彦和尚入明記初渡集・再渡集』に詳しい。これには、宗桂の父（宗忠）や兄（與左衛門）のことを夢に見たとも書かれ、角倉一族と策彦周良の関係も並々ならぬものがあったのではないかと思われる。

策彦周良は、後に武田信玄の招きで武田家の菩提寺恵林寺の住職になっている。了以の父宗桂がこの時中国から持ち帰った様々な文物は、その後の了以の事業に結び付いた。さらに天龍寺の造営資金五千貫文を納めても、なお余りある至本の海外貿易の実績は、角倉一族に朱印船

天龍寺

宝厳院獅子吼の庭

交易に踏み切らせる大きなきっかけになったとも考えられる。

中国との交流

平成二十二（二〇一〇）年、奈良で開催された平城遷都千三百年祭の会場には、大極殿とともに遣唐使船が復元された。この遣唐使船は静岡県松崎町で造られ、建造費は約二億円といわれている。鮮やかな朱色と白に彩られた長さ三十メートル、幅九・六メートルの船が、優美な姿を横たえていた。同じ時期、上海万博に合わせて復元された遣唐使船は、中国江蘇省張家港で建造、費用は一億二千万円という。いずれも遣唐使船の詳しい大きさや構造は判明していないので、絵巻物などから推定して造られた。

遣隋使に続いた遣唐使は、大陸の文化や国際情勢を学ぶため、舒明二（六三〇）年から寛平六（八九四）年まで十数回派遣された。もちろん貿易目的ではないが、その後の海外との交流に大きな影響を与えることになる。

遣唐使の前期は北航路であり、陸地を見ながら航海する、地乗りと呼ばれる安全なものであった。北九州から朝鮮半島西岸沿いに北上し、山東半島に向かうものである。その後、朝鮮全土を統一した新羅との関係悪化により、八世紀からは直に中国大陸に向かう南航路に移った。この航海は命と引き換えのものだった。現に南航路を採った八回のうち、往復とも無事だったのは一回のみであったといわれている。

遣唐使船の諸元

全　　長：30m
全　　幅：9.6m
排 水 量：300トン
積載荷重：150トン

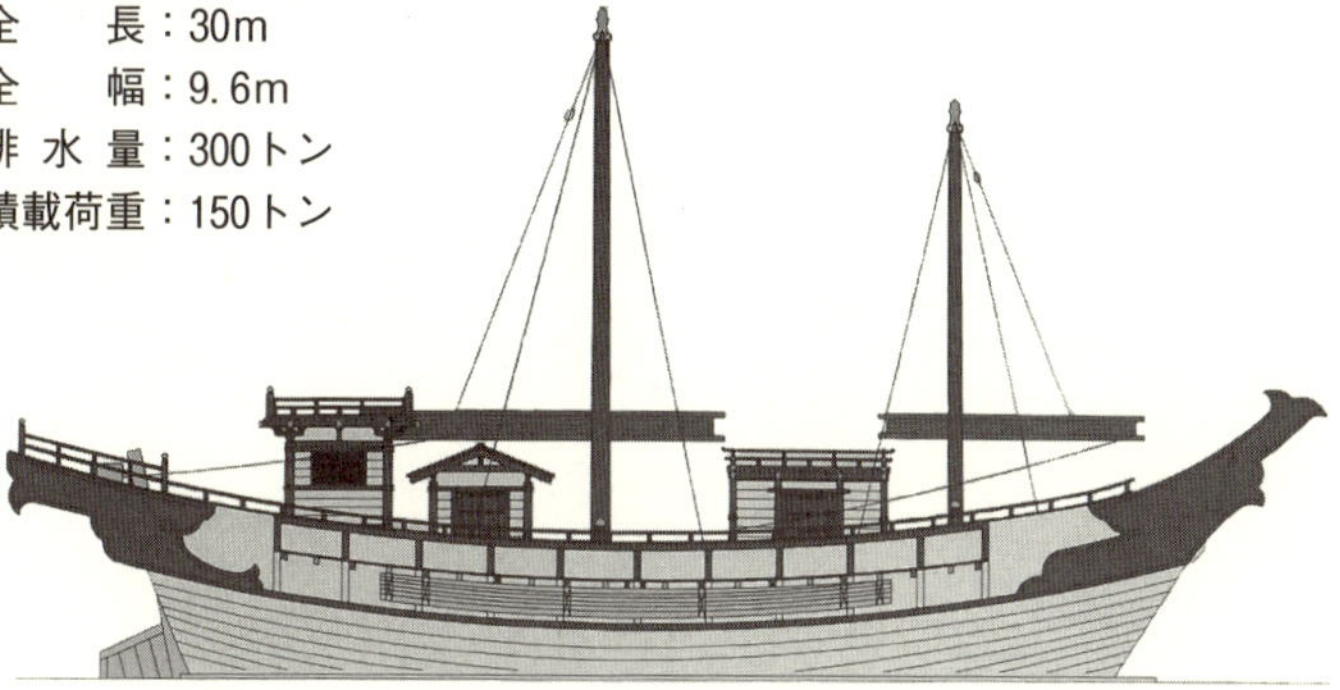

遣唐使船図（平城京歴史館提供）

奈良で復元された遣唐使船を見ても、優美だが、大海の波浪に弄ばれる姿を想像するとロマンより痛ましさを感じさせる。周知のように遣唐使は、菅原道真の建議により廃止された。

遣唐使船のほとんどは、百済の技術者が定着したといわれる安芸の国で建造されたようだが、この技術も遣唐使の廃止とともに廃れていった。

その後、日本は外国との使節の交換などを受け入れないことを国法とするが、平安末期の平清盛の出現は、再び大陸との交易を活発にさせる。清盛が大輪田泊《おおわだのとまり》（兵庫港）を修築してからは宋からの交易船の入港が続いた。この時、音戸の瀬戸（呉市と倉橋島の間）の航路を開いたとの伝説もあるが、これが事実とすれば、岩盤掘削となり、後の保津川開鑿にも繋がるが真実は定かでない。

清盛は日宋貿易により豊かな財宝を手に入れた。平家物語によれば「揚州の金、荊州の玉、呉郡の綾、蜀江の錦、七珍（金・銀・瑠璃・硨磲《しゃこ》・瑪瑙《めのう》・真珠・玫瑰《はいかい》）万宝、一つとして闕《か》けることなし」という。

中国は宋から元に移り、日本との公式な交流はなくなるが、時代が室町になると、三代将軍足利義満の時から明との勘合貿易が始まる。勘合とは、「日本」の二字を分け、室町幕府に「本字」の勘合を与え、中国入港時に底簿（台帳）と照合された。明の船は「日字」の勘合を所持するものとされた。勘合貿易を始めた義満だったが、朝貢貿易は屈辱との思いは義満の遺言となって現れ、その後勘合貿易は中断された。六代将軍足利義教の時代に復活したが、義満の時代に勘合符を大内氏に委託したのを引き継ぎ、義教の時代も勘合符は大内氏の管掌となり、対明貿易を実質的に支配することとなった。

天文二十（一五五一）年大内義隆の自害とともに勘合貿易は中止となり、同時期に明は海禁政策を強化する。海外貿易が再び盛んになるのは、角倉一族も活躍する朱印船の時代である。

海外貿易による利益

ところで、海外貿易はどのような利潤をもたらしたのであろうか。

勘合貿易について、川島元次郎氏は「其の利益の莫大なること殆ど想像の外に出で皆十倍以上の利ありといふ」と説明している。また、『対外関係史事典』（吉川弘文館）によると、田中健夫氏は「宝徳年間に明に渡った商人楠葉西忍によれば、明で購入した糸二百五十文が日本で五貫文（五千文）で売れた」と書いている。扱う品や時代にもよるだろうが、平清盛や造天龍寺船の例でも見られるように海外貿易は信じられない利益をもたらしたようだ。

その後、朱印船貿易の時代は貿易船も多くなり、それ以前のような莫大なものではないにせよ、やはり相当の利益があったと考えられる。

朱印船貿易の実際の投資額や利益については興味のあるところだが、岩生成一著『新版朱印船貿易史の研究』によれば、次のように書かれている。

「朱印船貿易に対する投資は、少なくとも船価、艤装費、現送資本、積荷の代価、および人件費の五よりなりたっていた筈であるが、これらについて明確に区分計上された資料はほとんど残存していない。その現送資本ならびに積荷の価額については、二十一隻ばかりの例によって、朱印船一隻最小百貫目から最大千六百貫目の間にある。」

角倉船は後に述べるが、その大きさから推定すれば、この最大値に近い投資が行われたものと思われる。

朱印船への投資は独力で行われたわけではない。川島元次郎著『朱印船貿易史』によれば「朱印船の海外渡航旺盛を極むるに當り、朱印船主又は其の荷主の間に一種の金融法行われ貿易の賃金を融通したり（一部略）甲は一定の銀を此の船主に提供し、協同資本として目的地に於て貨物と交換せんとし、其の交換に依りて生じる利益を予想し之を条件として乙より一定の銀を借受せるものとして、本利の返済は第三者の朱印船が無事帰航したる暁に於てせらるべく、若し其の船が航海中事変を生じ、帰航せざるときは、本利合せて返済の義務なきを約するものなり、この貸附金を投銀《なげがね》という。」

この投銀の利率は三割から五割、場合によってはそれ以上というようなもので、これだけの利子を払っても、朱印船は十分な利益をあげたわけである。

船の大きさと建造費

船の大きさを表す単位としては、主なものとして、軍艦などで使われる排水トン（船の重量）と貨物船やタンカーなどで使われる載貨重量トンがある。このほかに総トン数という容積を表す言葉もある。

ところで日本では石数というのが、船の大きさを表す数字として使われてきた。例えば、千石船はその代表例である。石数というのは、積荷として米が主であったため、積み込める米の石数を表した。容積の単位からいえば、一石は十斗、百八十リットルであり、船の単位としてはこのままいえば容積となる。

ただし、石とは重量の単位としても使用されたようである。一石の重量は四十貫（百五十キログラム）である（安達裕之『日本の船・和船編』）。つまり千石船なら載貨重量百五十トンである。

このほか、船大工が基準とする大工間尺というものがある。これは船の長さ、幅、深さから算出するものだが、実際には満載喫水線まで荷を積んだ時の重量となる。北前船を除き大工間尺と積載石数は一致するようである。

ところで、建造するにしろ、購入するにしろ船価はどのようなものであったのだろうか。

朱印船の構造や建造地は判明しないが、国内建造にしろ、外国からの購入にしろ、船価については、資料の存在する江戸時代中期以降のものを参考にする以外にない。岩生成一氏や石井謙治氏の著書によれば、およそ次のようになるようである。ただし角倉船が活躍する時期とは多少の時期のずれはある。

船価は帆柱・舵・帆桁・伝馬船を含む船体価格と帆・碇・綱などの道具の価格からなる。大雑把にいえば、船体が三分の二、道具が三分の一ということになる。そして一七〇〇年代から一八〇〇年代にかけての船価としては千石積で千両、五百石ではその半分というのが常識だったようである。この千両が現在価値としてはどの程度のものかは、計算法によりかなり異なる。

しかし、千石積を前に述べたように百五十トンとし、遣唐使船が百五十トン程度という説（石井謙治『図説和船史話』）を採用し、復元された船を二億円とすれば、江戸中期ではすなわち千両＝約二億円ということになる（日本国内建造の場合）。なお米価から換算すれば、江戸中期の一両は六万円程度であり、これによれば千石船は六千万円になるがこの数字はいかにも低い。

なお船大工の賃金についても興味あるところだが、石井謙治氏は「三匁程度が十七世紀あたりからの標準的賃金であったことが察せられる」としている。日当だが、これは口銭を除いた実質的賃金である。

また当時の船の耐用年数については、修理を加えながら二十年前後プラスマイナス数年というのが大体であったようである。

朱印船

朱印船とは、徳川幕府の発行した海外渡航の許可証である朱印状を持つ貿易船のことである。朱印船の初期は西国大名が中心であったが、後には角倉・末吉・末次・茶屋などの商人が主となった。

秀吉は、外国人宣教師や日本人信者など二十六人を処刑したことで知られるように、晩年キリスト教に対して厳しく弾圧を行った。これに対して家康は貿易の振興に力を入れるため、後にキリシタン弾圧に踏み切るまでは、キリスト教の布教を黙認していた。また海外の情報を把握することに熱心だったことは、漂着したオランダ船に乗っていたヤン・ヨーステンやウィリアム・アダムスを日本に留めたことからもよくわかる。

家康は朱印状を出すに当たり、慶長四（一五九九）年から同十二（一六〇七）年まで、安南・暹《シャ》羅《ム》・呂宋《ルソン》などの国王に、日本国内の平定と朱印状の件を記した書状を送っている。

朱印状の発行には、取次という紹介者が必要となる。紹介者の大半は本多正純と長崎奉行長谷川藤広とされ、慶長九（一六〇四）年から元和二（一六一六）年までの間に、記録の判明しているところでは、前者が六十一件、後者が三十六件に上っているといわれる（岩生成一『新版朱印船貿易史の研究』）。この他、紹介者には後藤庄三郎の名前も挙がっている。

正純の命により、朱印状を作成したのは、家康の側近である豊光寺承兌《しょうたい》・円光寺元佶《げんきつ》・金地院《こんちいん》崇《すう》伝《でん》の三人の禅僧であった。元佶・崇伝は、それぞれ前任者を引き継ぎ、朱印状を作成した。文書は作成後、正純のもとに回され朱印が押されたという。

三人のうち、最後の朱印状作成者となった金地院崇伝は、前任二者が記した朱印状を整理した。これが「異国御朱印帳」である。慶長九（一六〇四）年から始まり、慶長十六（一六一一）年に終わっている。「異国渡海御朱印帳」は、これに続く崇伝の時代の記録であり、元和二（一六一六）年が最後である。発行されたのは八十二人、そのうち大名は八名、商人は五十名、中国人やヨーロッパ人にも発行されたという（川島元次郎『朱印船貿易史』）。

朱印船制度は、寛永十二（一六三五）年、徳川幕府が鎖国令を出すまで続いたが、それまでの朱印状は三百五十六通、国別ではベトナムが百三十通ほどで最も多くなっている（岩生成一『新版朱印船貿易史の研究』）。

なお秀吉時代の文禄初年、朱印船貿易に堺・京・長崎から九艘が選ばれ、角倉船がそのひとつであったという記録『長崎志』、『長崎夜話草』があるが、実態ははっきりしていない。

朱印船は秋に南方を目指し、翌年春から夏にかけて南風を利用して帰国した。

ところで、遣唐使船では中国渡航までの間に多くの海難事故に遭遇したが、その後、勘合貿易を経て、朱印船では造船技術や航海術はどのように進歩したのだろうか。

角倉船に雇われて、慶長八（一六〇三）年からしばしば安南や呂宋に渡航した、朝鮮人趙完壁の伝えたところによると「倭舟は小さく、大海を渡ることができないため、唐船を買い、航海に長けた中国人を船長に雇った」とあり、当時は中国から船を購入していたものと思われる。

朱印船はこのように中国や暹羅から購入したほか、後には日本国内でも中国式のジャンク船に、西洋式のガレオン船の技術を取り入れたものが建造されたようである。

また、航海についても、池田好運などの西洋式航海術を身につけた者もいたが、やはり多くは外国人航海士に頼らざるを得なかった。

渡航先は主として、南蛮と呼ばれていたインドシナやフィリピンであった。

ベトナムは角倉船の渡航地でもあったが、当時は後黎（レ）朝の時代とはいえ、実質は北部である東京（トンキン）地方を根拠地とする鄭（チン）氏と、中部の順化（フエ）を中心とする中部地方を勢力範囲とする阮（グエン）氏の対立の時代であった。中部地方は交趾（コーチ）と呼ばれたが、もともとこの言葉は、中国が北部東京《トンキン》地方を指したものであったが、この時代は中部地方をいうようになり、さらに後には交趾シナとしてメコンデルタ一帯を指すようになった。角倉船が渡航したのは北部地方である。

今はタイ国となっている暹羅はアユタヤ朝の時代であり、日本人町が形成された。一六一二年頃暹羅に渡った山田長政が活躍したことでも有名である。呂宋はフィリピンの一部であるが、十六世紀以降は後にアメリカ領となるまでスペイン領となっていた。

余談ではあるが、角倉船の渡航先であるベトナムについてもう少し触れる。

中国から見れば、ベトナムは支配すべきあるいは征服の対象となる蛮国《ばんこく》である。このため度々侵略戦争を起こした。しかしベトナムはそう簡単に屈服しなかった。

九三九年に、千年に亘る中国支配を脱し独立してからも中国は再三兵を起こした。なかでもモンゴル帝国・元との戦いは、今でもベトナム人の心に焼き付いている。

一二五七年、モンゴル帝国は南から宋を攻撃するため、通り道であるベトナムに侵攻したが、食糧不足のため撤退。次に一二八五年、五十万の軍でベトナムに侵攻した元軍は、紅河デルタ地帯を占拠したが、ベトナムはゲリラ戦を展開、五万人が捕虜となり元軍は撤退した。

さらに一二八七年には元軍三十万が陸海から侵攻したが、翌年、ベトナムは元の補給艦隊を壊滅させ、さらに有名な白藤（バクダン）江の戦いで元軍を破った。文永の役（一二七四年）・弘安の役（一二八一年）の後、元は三度目の日本遠征を企てていたが、この敗北のため取りやめたといわれる逸話が残っている。日本とベトナムの思いも寄らぬ結び付きである。

角倉船

「異国御朱印帳」の書出しが慶長九年のため、これによれば角倉船が初めて朱印状を得たのは慶長九（一六〇四）年ということになる。しかし、「東照宮御実記」には、慶長八（一六〇三）年冬「角倉了以光好、仰《おおせ》を蒙《こうむ》りて安南国に船を渡して通商す」とあり、慶長八（一六〇三）年が初めての朱印状取得との見方もある。いずれにしてもその後角倉家に対して慶長十二（一六〇七）年（朱印状作成者承兌の死去により発給なし）を除き慶長十九（一六一四）年まで、毎年朱印状が交付されている。

朱印状の請取名は慶長十五（一六一〇）年までは了以であったが、翌年からは與一（了以長子、素庵）名となり名実ともに素庵の責任において行われるようになった。取次には本多正純や後藤庄三郎の他に、了以の弟である宗恂の名前が見える。これはこの時期における宗恂の、家康側近としての影響力が図らずも推察できる。

なお、慶長十七（一六一二）年のキリシタン禁令やその後の大坂の陣などの影響で、慶長十八（一六一三）年の朱印状は効力を発せず、翌十九年には了以が六十年の生涯を閉じている。「異国渡海御朱印帳」も元和二（一六一六）年に終わっているので、その後の朱印状の状況は不明だが、鎖国に至る直前まで角倉船の渡航は続いていたようである。

ベトナム中部の交趾に向かった朱印船は七十一隻、安南・東京《トンキン》の名称となっている北部を目指したのが、五十一隻といわれる（鎖国まで）が、このうち茶屋船は中部を、角倉船は北部を渡航地とした。

一一六四年、南宋は「交趾国」を改め、「安南国」とした。六七九年に唐がこの地に安南都護府を設けたことが、安南という名称の由来となっている。朱印船貿易の時代は、後黎王朝の鄭氏と阮氏に分かれて争っていたことは前に述べた。当時、ベトナム外の人々は、国王を擁し北部の東京《トンキン》地方を統治する鄭氏の支配地域を東京《トンキン》国と、阮氏の支配する地域を交趾国と称したが、両氏共に安南の国号を用いた。

「異国御朱印帳」によれば、慶長十三（一六〇八）年から同十七（一六一二）年までの角倉船の渡航先は安南または東京《トンキン》と書かれているが、いずれも渡航先は乂安（ゲーアン）省であった。また慶長九（一六〇四）年から同十一（一六〇六）年までの朱印状も東京《トンキン》宛であったが、実際の渡航先は乂安省興元県である。朱印状の渡航先の地名は広い行政区域を示しているが、実際の渡航先は乂安であった（岩生成一『新版朱印船貿易史の研究』）。乂安とは今のベトナムでいえばビン市にあたる。

寛永十（一六三三）年、角倉船の舵手として東京《トンキン》（河内、現ハノイ）に渡航したオランダ人フィッ

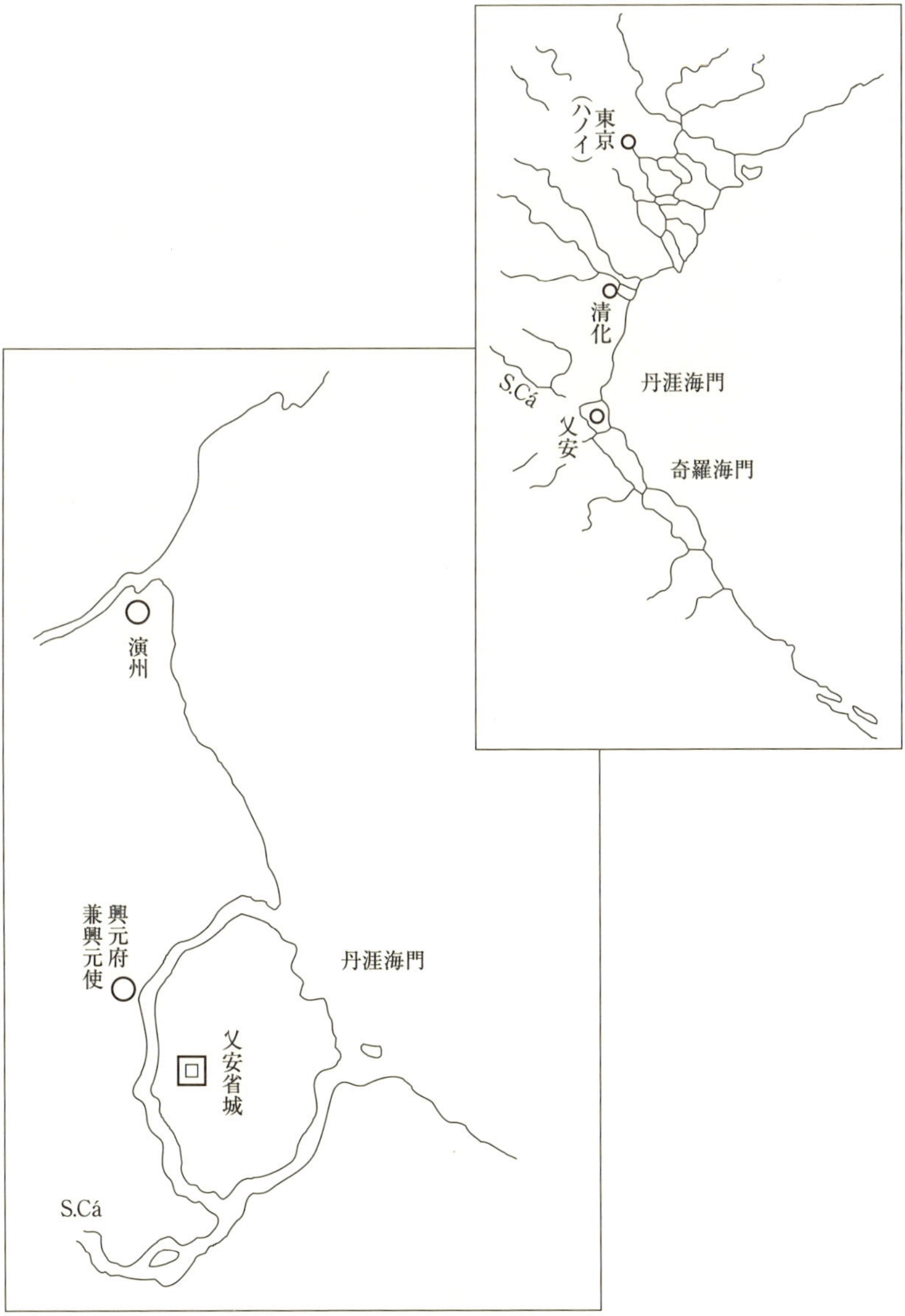

安南国乂安省興元県地方図
（岩生成一著『新版朱印船貿易史の研究』より）

セルの記録などから見ると、この年は、紅河（ソンコイ河）の支流の河口に碇泊し、はしけに積み替え、都である東京《トンキン》に行ったとのことである（永積洋子『朱印船』）。

また天竺徳兵衛によれば、寛永三（一六二六）年十五歳の時、角倉船に便乗し長崎から翌年暹羅に渡航したとあり、角倉船はベトナム以外にも渡航先を求めたものと思われる。

天竺徳兵衛は歌舞伎の世界でも有名であるが、角倉船以外の南蛮貿易船にも乗り、帰国後、見聞録『天竺渡海物語』を長崎奉行に提出した。

順調に見えた朱印船貿易ではあるが、悲劇は慶長十四（一六〇九）年に起きた。この年五月十日に乂安に到着した船は、六月十一日（十六日との説もある）に帰国の途に就いたが、出航間もなく丹涯海門において暴風激浪のため難破し、角倉一族の船長以下十三名が溺死した。生き残った船長の弟庄左衛門や客商など百十四名は救助され、手厚く保護された。

金地院崇伝のまとめた外交文書のなかにも、慶長十五（一六一〇）年の「安南国都元帥平安王令旨、同国乂安処総太監文理候達書（難破角蔵《ママ》船の送還手続）」や「安南国老舒郡公、同国広富候、同国都統官より日本国王あて書簡（角蔵《ママ》船を保護送還）」の記述がある。国王とは家康のことだが、いずれにしても救助後のベトナム側の丁重な扱いは驚くほどである。

ところで角倉船はどの程度の規模で、一航海でどのくらいの利益をあげたのであろうか。

天竺徳兵衛によれば、角倉船の大きさは、長さ二十間、幅九間、人数三百九十七人乗りとある。実際には、石井謙治氏や岩生成一氏によれば、六百八十トン（石井氏）から八百トン（岩生氏）程度のようである。

前に述べたように千石船が百五十トン程度とすると、角倉船は巨大で、当時の日本船としては最大級のものだった。

岩生成一著『新版朱印船貿易史の研究』によると、朱印船一隻当たりの積込資本額については、最大千六百貫とある。船の規模からすれば、角倉船の資本額はこれに近い数字となるであろう。

これに対して岩生氏の研究によれば、輸入品の売値は仕入れ値に対して倍近くなり平均すれば一・八五倍とある。朱印船の場合もこれによれば、大きなものは一隻当たり千五百貫程度の利益となる。千五百貫を慶長丁銀であるとすると、十七世紀初頭の公定相場は金一両＝銀五十匁、したがって三万両となる。

もちろん客商も乗船し、航海等に必要な経費や朱印船の費用もあるので、すべてが角倉家の利益となったわけではないが、いずれにしても一航海で莫大な利益をあげたことは間違いない。

ところで角倉船で注目されるのは、舟中規約である。

これは、了以の長子素庵が恩師藤原惺窩に依頼し作成したもので、通商の目的や船中での規律について述べたものであり、了以や素庵の思想をよく表現している。

林屋辰三郎氏の『角倉了以とその子』によれば、概略が次のように書かれている。

「回易《かいえき》の本義の自他共利にあるを説き、異域に於いて我国俗を辱かしむべからざるを述べ、しかして同舟人は難苦を同じうすべきを記して、苟《いやしく》も獨り脱れんとするが如きことなからしめ、狂瀾怒濤《きょうらんどとう》にまして人を溺らしむは酒色なるを言うて、相共に匡正《きょうせい》し誡《いまし》むべきを規定したのである。」

この舟中規約は五ヶ条からなり、わかりやすく書けば次のようなものである。

第一条　交易の心得として自他ともに利益になる、有無相通じることこそ交易の本道である。自分だけが利することがあってはならない。「利とは義の嘉会《かかい》なり」である。

第二条　風俗言語は異なっても、天賦《てんぷ》の理《ことわり》は同じである。その国の人が禁じていること、忌み嫌っていることを心得、その国の風教に従うこと。

第三条　同じ船に乗るものは、苦労があれば助け合い、自分だけ逃れようとしてはならない。

第四条　酒食に溺れてはならない。お互いに慎むべきである。

第五条　この他の細々したことは別紙に記してあるから、座右におき、熟読せよ。

現在の社会においても企業の社会的責任が問われているが、この時期に、このような思想を持って貿易に臨み、なおかつそれを文章で徹底した企業家があることは、日本の歴史にとっても誇るべきことである。同様な思想は了以や素庵の他の事業にも反映されたことはいうまでもない。

第三章　筏流し

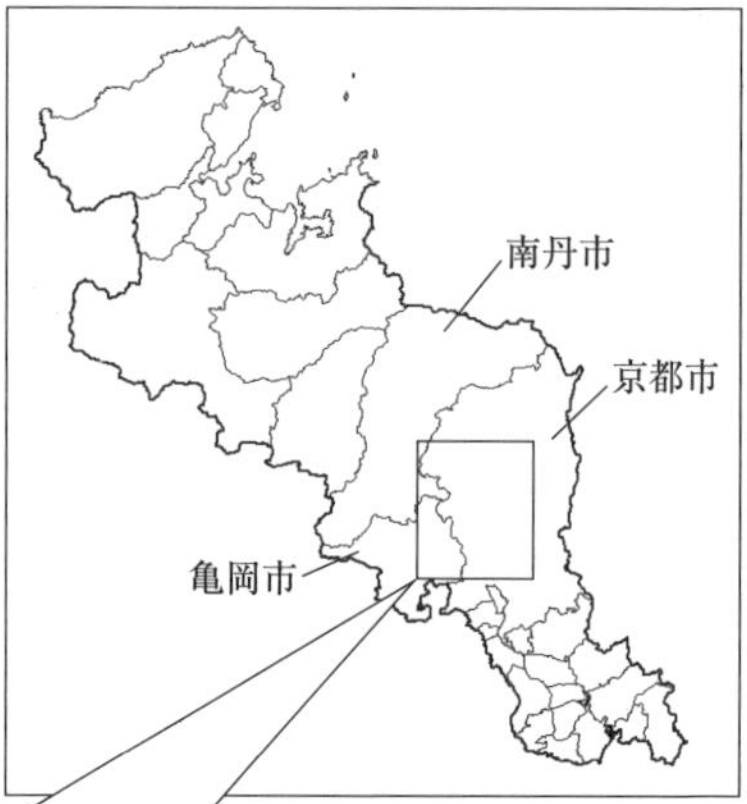
南丹市
京都市
亀岡市

京都府

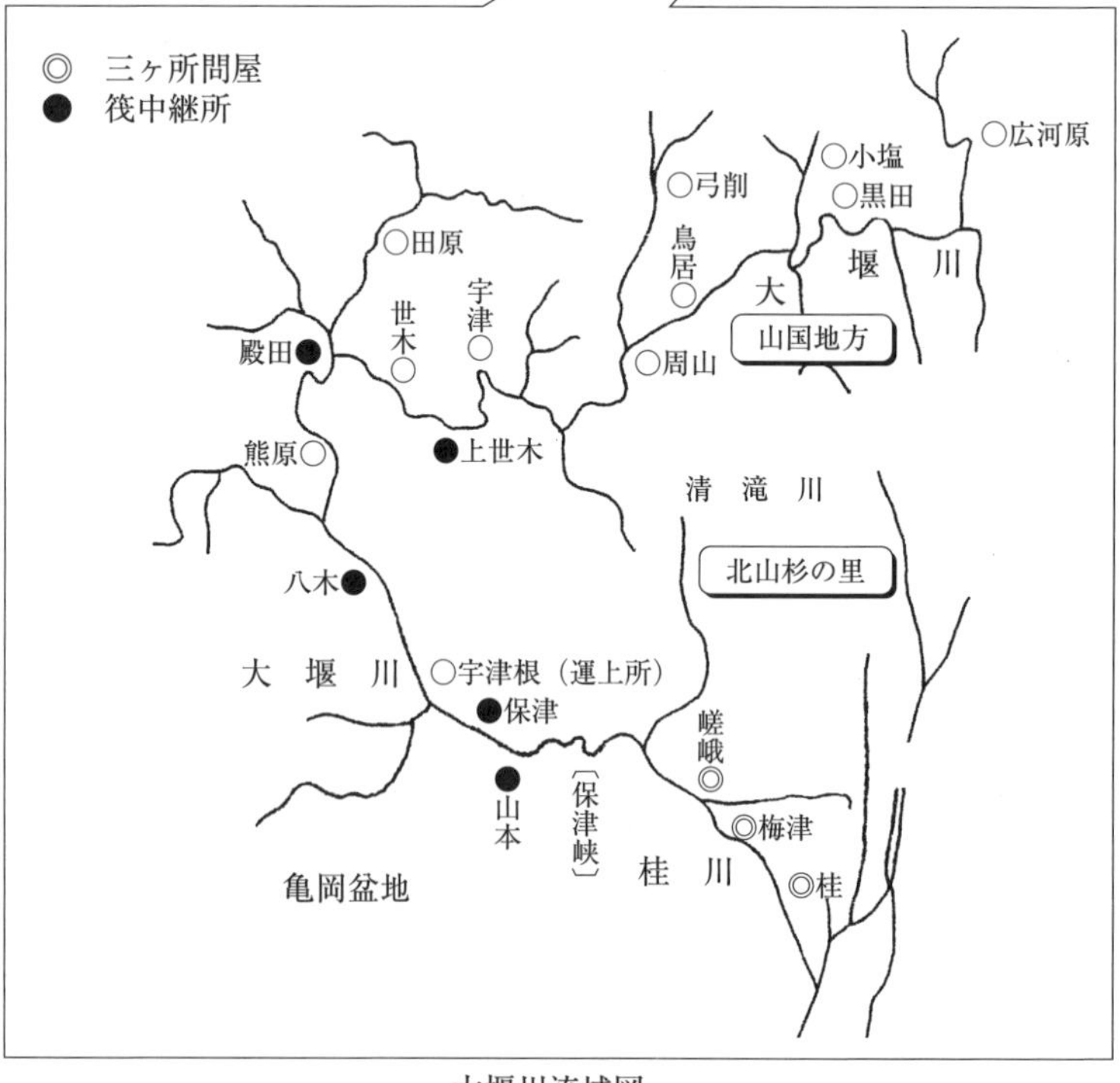
◎ 三ヶ所問屋
● 筏中継所
○広河原
○小塩
○黒田
○弓削
鳥居○
大　堰　川
山国地方
○周山
○田原
宇津○
世木○
殿田●
熊原○
●上世木
清　滝　川
北山杉の里
八木●
大　堰　川
○宇津根（運上所）
●保津
嵯峨◎
●山本
〔保津峡〕
◎梅津
桂　川
◎桂
亀岡盆地

大堰川流域図

北山杉の里

川端康成の『古都』は千重子と苗子という双子の姉妹の揺れ動く心理を扱った名作である。捨て子ながら京の呉服屋の一人娘として大事に育てられた千重子、両親を失い北山杉の丸太屋に奉公している苗子、千重子は北山杉の里で初めて苗子を見かける。そして祇園祭りの夜に出会ったふたりは、あまりにもよく似ていることから姉妹だと悟ることになる。

『古都』の舞台の一部になった北山杉の里を、川端康成は次のように描写している。

「山は高くも、そう深くもない。山のいただきにも、ととのって立ちならぶ、杉の幹の一本一本が見上げられるほどである。数奇屋普請に使われる杉だから、その林相も数奇屋風ながめといえるだろうか。

ただ、清滝川の両岸の山は急で、狭く谷に落ちている。雨の量が多くて、日のさすことの少ないのが杉丸太の銘木が育つ、一つの原因ともいう。風も自然にふせげているのだろう。強い風にあたると、新しい年輪のなかのやわらかみから、杉がまがったり、ゆがんだりするらしい。

村の家々は山のすそ、川の岸に、まあ一列にならんでいるだけのようだ。」

北山杉の里は、国道百六十二号線を京都市内から北に辿ることになる。紅葉の名所で知られる栂の尾の高山寺を過ぎ、磨き丸太の産地中川地方に向かうと、頂部に繁りを残してきれいに枝をそぎ落とされた北山杉の山が目に入ってくる。

中川の集落から地元の人に教えられ、車で十五分ほど走り、後は徒歩のみの場所に菩提の滝があった。磨き丸太は、かつてはこの菩提の滝の洗い砂で磨き上げられていた。手に取って見たが、こすると砂というより粘土に近くなる。この滝の砂には石英質が含まれていない。したがって粘土に近い感触になるようだ。多くの著名な古建築の床柱などに使用されてきた磨き丸太はどのように生まれたのだろうか。坂本喜代蔵氏の『北山杉の今昔と古建築』には次のような一文が載せられている。

「諸国行脚の僧が、中河村で行路病者となって倒れられた。気品のある高僧なので、中河村の人等が親切に介抱して助けてあげた。半年近くも病んだらしいが、すっかり快方に向かった時『中河村はお米がとれないのに、長い間親切にお世話していただいた。おかげでこの様に全快できました。ただただ感謝のほかありません。何か御礼をしたいが、ご存じの通り今の拙僧には何もできません。ただこの土地には菩提の砂というどこの地にもない珍しい良い砂がある。その砂を利用して、あの杉の木を磨いて商ったら必ずこの土地が栄えるでしょう』それから磨き丸太の製造をするようになったので、磨き丸太の元祖はその坊さんですよ。京北町宇津の岡本藤市さんが教えてくれた。」

しかし今は磨き丸太には、この砂は使用されていない。機械磨きのようである。中川地方もバイパスの開通とともに、北山杉の里としての賑わいも薄れていった。今でも磨き丸太は数多く出荷されているようだが、過疎のまちの印象は拭えない。ふるさと創生一億円で建設された北山杉資料館はすでに閉鎖されていた。ふと、全国の一億円事業のその後が気になった。

北山杉といえば台杉で有名である。かつては磨き丸太もこの台杉から造り出された。台杉とは一本の株から何本もの杉が立ち上がっているものである。もともと狭い森林地帯という悪条件のため、苗の不足を補う目的から室町期に考案され、垂木などにも使用されていたが、時代とともに少なくなってきた。今は最盛期の三分の一という。

京の北部地方は豊かな山林資源に恵まれている。この山林が京都の文化を支えていた。北山杉の里もその一部だが、さらに奥へ進むと山国地方に入る。この地方は平安遷都に際して禁裏御料の指定を受けた。山国地方の木材は保津峡を通り京の町に運ばれたが、さらに太閤検地を経て商品流通材にもなっていった。

北山杉

菩提の滝

磨き丸太
清滝川沿いの中川の集落。
北山の磨き丸太は筏ではなく陸路で運ばれた。

山国庄

周山街道とも呼ばれる国道百六十二号線を中川町から北に辿ると、今は京北町の一部となっている周山に着く。ここで周山街道と分かれ、道を東北方面へ進むと山国庄である。今は京都市に編入され山国庄という名前はないが、森林が九割を占め丹波材の産地であるこの地は、庄という名前がいかにもふさわしい。

山国という名が知られるようになったのは、明治維新の時代である。この村の農民兵は勤皇兵として勇敢に戦った。

慶応四（明治元・一八六八）年一月五日、十九歳の総督西園寺公望に率いられた山陰道鎮撫隊は、京都から水尾峠を越え保津から丹波に入った。三百余人の薩長藩士を中心とする鎮撫隊の呼びかけに応じ、山国からも農民兵が参加した。

当時多くの地方は時代の激動期に難しい対応を迫られていた。山国庄は単に恭順の意を示したのではなく、積極的に勤皇側に参加したのである。山国隊は山陰道鎮撫隊に従軍するものと大阪方面に赴くものに分かれた。しかしながら二手に分かれた双方の山国隊は、いずれも討幕軍に温かく迎えられることはなかった。その後京都に入り、三十五人が有栖川宮の東征軍に加わった。

五月には上野彰義隊の攻撃で戦死者を出し、翌月には一部が奥州征討軍に加わり、十一月京都に戻った。山国隊の勇敢さは知られたが、四名の戦死者と三名の病死者を出し、七千八百両という膨大な借財を抱えながら報われるものは少なかったという。

では山国庄は何故このように勤皇側に協力することになったのだろうか。そこには平安以来の古い歴史があった。

北山杉の里と同様、山国地方は杉・檜・松・栗などの木材の一大産地である。この木材資源の豊かさから、桓武天皇の平安遷都に際して皇室領御杣《みそま》の指定を受け、官人十六人が派遣された。さらに二十人が追加され、これが山国庄名主の祖となったといわれる。五三寸三尋荒木《ごさんずんみひろあらき》（切口五寸から三寸、長さ約十五尺の木）と呼ばれる木材は、大嘗会《だいじょうえ》のたびに禁裏御用材として使用された。

また、山国の中心部からさらに奥に道を辿ると常照皇寺がある。北朝の悲運の天皇であった光厳上皇の眠る墓所である。北条氏・後醍醐天皇・足利尊氏らの政争の犠牲となった光厳上皇の数奇な運命の非情さは、今は桜の名所となったこの寺からは感じることはできなかった。しかし、皇室との深い繋がりを地元に齎《もたら》すこととなった。

山国庄はこのように古くから皇室に深く心惹かれるものがあった。それが皇室を尊ぶ精神を醸成し、明治維新の世に積極的に新政府側に参加することとなった。

山国庄を含め丹波材の産地は山方ともいわれ、大堰川本流の上流域を中心として、支流の田原川流域も含め奥筋五十二ヶ村と呼ばれた広範囲にわたった。伐採された木材はそれぞれの産地で筏に組まれ、大堰川を下った。

筏組み

大堰川は、丹波山地東部、広河原の西北を源とし、山国地方を西に流れ殿田で向きを南に変える。南下した大堰川は亀岡盆地に入り、やがて山塊に鑿で溝を刻んだような保津峡（保津川）では、それまでの緩やかな流れから一転して急流となる。保津峡で狭められた川筋は嵐山で広がり、今度は湖のような風景をつくりだす。

この川は法律では、上流から淀川に合流するまでを桂川と呼ぶ。しかし、地方により時代により呼び方は様々であった。角倉了以の世界を扱う本書では、源流から嵐山までは大堰川と、保津峡の部分のみを保津川と、嵐山から下流は桂川と呼ぶことにする。

丹波の豊かな森林資源は、大堰川を下り京都に運ばれ、多くの建造物の中に活かされることとなった。しかし、いかに豊かな森林があっても、大堰川という水運なしでは利用されることはない。京都という大消費地に極めて近い場所での森林と水運の組み合わせは、木材資源の活用には理想的なものとなった。

実際の運搬はどのように行われたのであろうか。それには筏が主役となるのである。ただし北山杉の場合は、清滝川があるが水量も少なく磨いた丸太を流すわけにもいかず、運送はもっぱら陸路によって行われた。

筏といえば、舟の代わりとしての簡便な輸送手段となるものもあるが、わが国では急峻な山から切り出された木材の運搬手段として使われた。

大堰川では筏はどのように組まれ、どのような手段で流されたのであろうか。

筏の実体は、この本を書くに当たっての取材によって初めて知った。大堰川筏の絵図面が残っているが、驚くほど長大なものである。長さ三十間の筏が下る様は、流れの緩やかな上流では風物詩ともなったが、保津峡の急流を下る時は豪快だが、ひとつまちがえれば命の危険と隣り合わせのものだったに違いない。現に寛政十一（一七九九）年には三人の筏指子が命を失っている（五苗財団文書）。

筏は保津川に入る前に平川造《づくり》から荒川造《づくり》に変えられた。これを行うのが保津・山本の筏問屋である。組換えでは、筏幅を一間二尺とし、筏同士を結ぶネソ（つる）が付け替えられた。一間二尺は保津川の瀬から割り出されたもののようである。筏の組換えには三人で二日を要したといわれる。

時には九十度以上の屈折部を曲がる筏は、筏同士のつなぎに柔軟性がなければならないし、かといって、あまりアソビが多いと前後の筏に乗り上げてしまうことになる。多分このようなことを解決しながらであろうか、苦心の末考え出された組み方である。

絵図面は杉筏の標準だが、先端を鼻といい、最後を猿尾と呼んでいる。筏は十二連あり、先端の鼻は小木で組まれ、二枚目から後ろはそれぞれネソと呼ばれるつるでちどり状に緊結され、さらにレンゴジと呼ばれるつなぎの木材が筏同士の重なりあうのを防いだ。

筏の長さについても変化があった。保津川のような急流を扱う筏問屋は、その困難さから筏の寸法を小さくしたい。一方山方の荷主は効率的に流した方が費用は安くつく。

このため、天和元（一六八一）年、保津・山本の筏問屋と山方荷主との間に争いが生じた。嵯峨・

梅津・桂三ヶ所問屋（後述）の仲介もあり、それまでの長さ二十五間から杉・檜筏は三十間、松・栗・雑木類は長さ二十五間、幅はいずれも一間二尺で落ち着いた。その後も不景気による大組の必要性等から寸法の変化があったが、基本的にはこの規格が守られていくことになる。

ここで保津川に入る前の筏について見てみよう。

切り出された木材は、産地の組立て場で筏となるが、組立て場までの木材の運び出しは困難を伴う。わが国の木材産地では、修羅《すら》出しや木馬《きんま》出し・鉄砲出しなどが用いられてきた。修羅出しは、小さい木材を並べその上を滑らせるもので、木馬出しとは、角材で作られたそりの上に切り出された木材をのせ、枕木の上を運搬するものである。鉄砲出しとは、川を堰きとめ水の勢いで流すものである。丹波地方では木馬出しは利用されず、上流部では川を堰きとめ次の堰（トメ）に送る筏送り法が使われた。また、筏の組立て場までは雪を利用したとの説もある。

檜の産地である木曽川では、藤つるで作られた綱を両岸に渡し、一本流しで流れてきた木材を網場と呼ばれる場所で集め、その後筏に組んだようだ。

丹波地方では、本流や支流の木材生産地の津場と呼ばれる場所で筏に組まれたと伝わっている。また、大堰川上流の殿田・世木などでは、一本流しで来た木材や筏に組まれた木材などを必要に応じて組み換え、保津・山本等下流の問屋に送った。このような筏中継基地としての役割から殿田・世木等にも筏問屋の発生を見た。

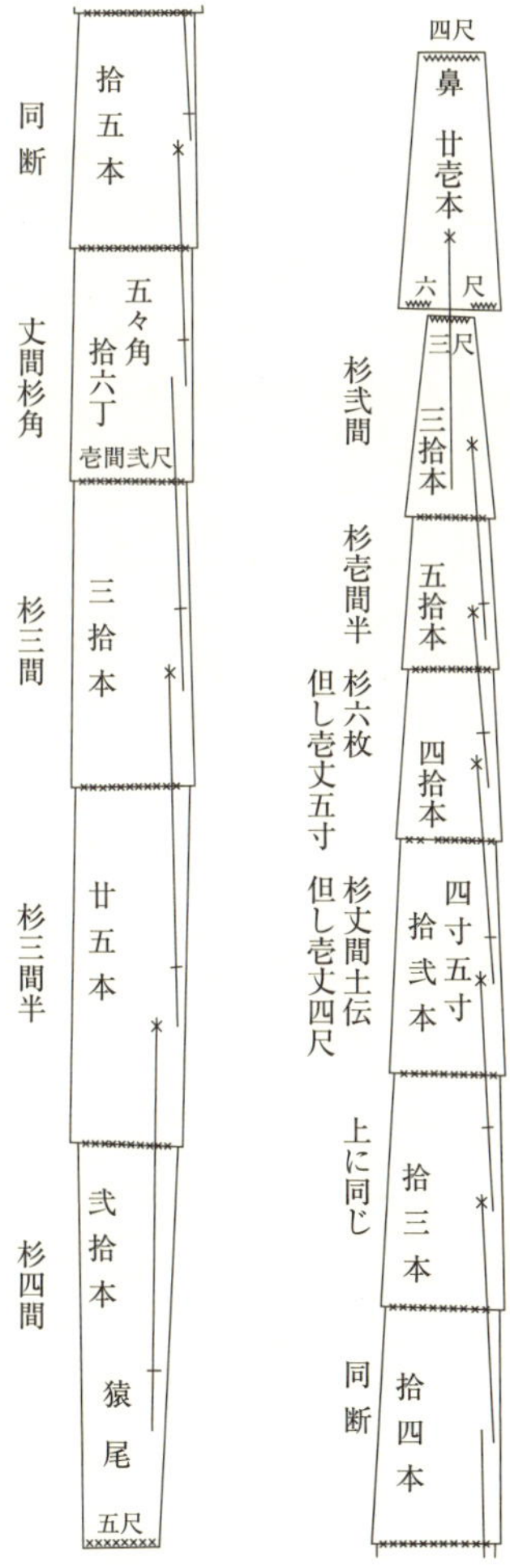

（下半分）　（上半分）

筏絵細図（解読図、五苗財団文書）
（亀岡市史編纂委員会編『新修亀岡市史本文編』（第二巻）より）

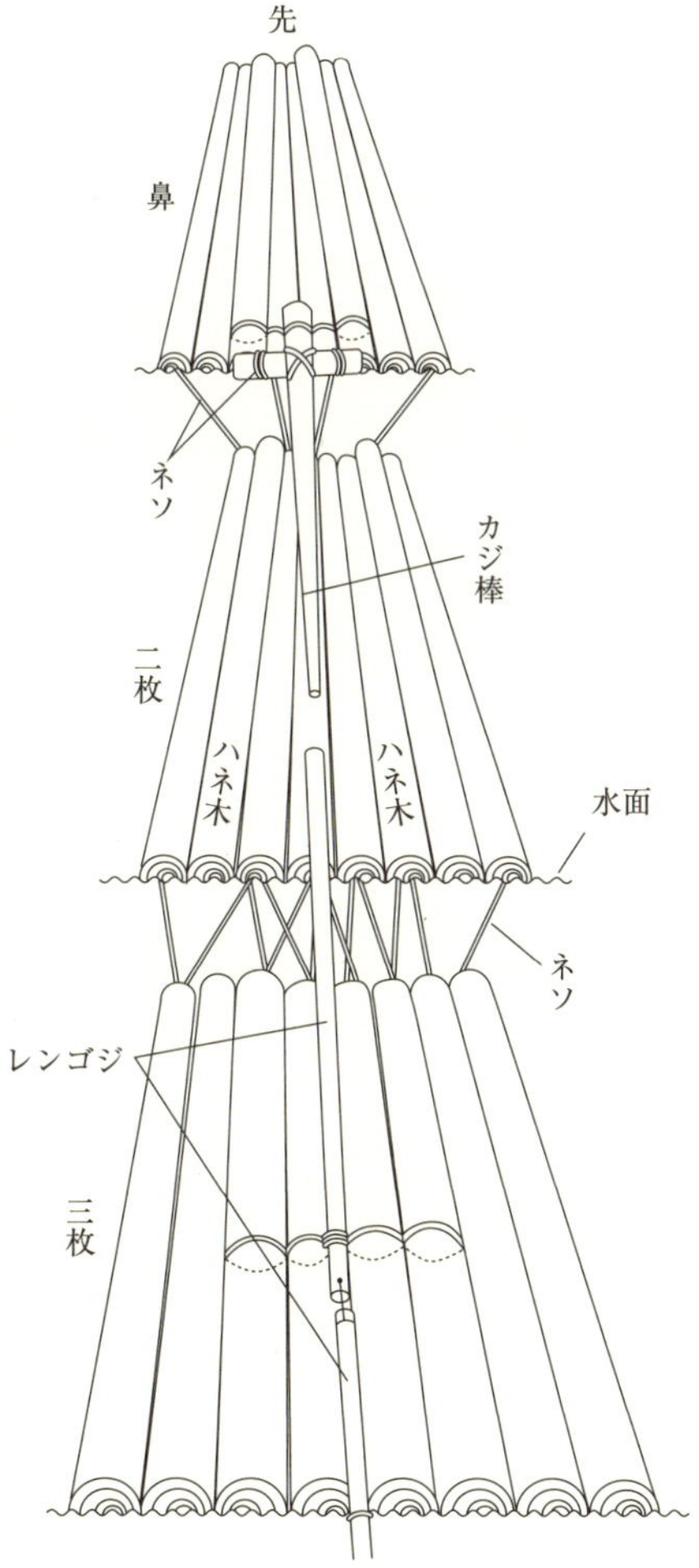

筏絵図
（藤田叔民著『近世木材流通史の研究』より）

筏流し問屋

丹波の筏流しの起源については、『延喜式』によれば十世紀頃とされている。この頃から都の木材の需要も活発化しつつあったのかもしれない。十四世紀には筏流しの専門職が存在し、この筏師の活躍をもとに、後に豊臣秀吉から朱印状が出されることになる。

秀吉は、大坂城などの築城や大仏殿の建立に際し、丹波の木材を利用した。

そして、天正十一（一五八三）年には保津の筏師十五名に、同十二年には追加し十名に、「諸役免除」の特権と引き換えに筏流しに従事させた（『新修亀岡市史本文編』）。さらに天正十六（一五八八）年七月には大堰川流域の宇津・保津・山本の筏師五十人に、同じく八月には世木・田原・保津・篠村の六十五人に、朱印状を発行している。これらの村はすでに筏師の活躍していたところでもある。

秀吉の処置は、商用筏の流通機構の成立のきっかけともなり、朱印状が発行された村々からは、後に筏流しを専門とする筏中継所や筏問屋が発生した。

また保津峡入口の保津・山本の問屋は、筏を組み換え保津峡の急流の輸送を扱う筏問屋として独占的な役割を持っていた。

一方、京都に材木を卸す材木問屋として、嵐山下流には嵯峨・梅津・桂の三ヶ所が通称三ヶ所問屋として成立していった。江戸初期には、嵯峨十六軒、梅津六軒、桂十一軒が存在し、後に享保十九（一七三四）年、株仲間として公認されることになる。

生産地の山方荷主と、大堰川、保津川における筏の輸送を受け持つ筏問屋、そして三ヶ所問屋は協調しつつ、時には対立しながら、源から三ヶ所問屋に至る百キロメートルの筏流しの歴史を刻んでいくのである。

三ヶ所の材木問屋は直接木材の生産には関わらず、一方、山方の荷主は販売には手を出さないとの取り決めがあった。しかし、その後、三ヶ所問屋の特権をめぐる紛争が繰り広げられることになる。

一方、生産地である山方の荷主と、輸送を受け持つ筏問屋、特に保津川を受け持つ保津・山本の筏問屋との争いは永きに渡っている。先に述べた筏の規格に対する争いのほかに、指賃《さしちん》と呼ばれる筏問屋の費用に関するものもあった。ちなみに、保津・山本の筏問屋指賃は、元禄九（一六九六）年の例で見ると、筏一乗（一組）当たり銀十二・六匁、そのうち指子《さしこ》と呼ばれる筏師の賃金は八匁となっている。生産地で筏を出してから、三ヶ所の材木問屋に着くまで三〜五日かかるといわれる。前に述べたが、保津峡に入るまえの筏問屋は、それまでの平川造といわれる筏から急流用の荒川造に変えるのに、三人で二日かかったといわれる。また、急流での破損事故や人命に関わる事故も多く、筏問屋は指賃の値上げを求めた。

一方山方の荷主は、三ヶ所の材木問屋との販売価格との関係もあり、輸送の効率化を求め、賃金の引き上げには消極的であった。

いずれにしても、これらは保津川という急流での輸送の困難さから生じたもので、角倉了以の保津川の工事は、筏での輸送にも支援となったものと思われる。

保津峡を通る筏は、上流での河川改修や角倉了以による保津川改修工事により、急激に増加したといわれる。江戸初期の筏数は、はっきりしないが、杉・檜以外の木材を含めて延宝四（一六七六）年前後で六百四十〜六百五十乗、江戸中期になると千五百〜二千五百乗といわれる。材木本数でいえば年によりかなり数の変化があるが、宝暦八（一七五八）年の八月から翌年四月までの時期の例では約六十万本といわれる（『新修亀岡市史本文編』）。そのうちの六割程度は杉材であったようだ。

筏流しに携わる筏師は、普段は農業を生活基盤とし農閑期に農民が従事していたもので、寛政十二（一八〇〇）年には、保津・山本には百八十人の筏師がいたという。筏問屋が長百姓に対して、指子は小百姓であった。筏問屋も生産地の荷主も農民から派生したものだが、各地に造られる農業用水の堰をめぐり、水田を利用する農民と筏流しの関係者との争いもあった。

筏流しの時期は八月から翌年四月までであるが、筏数の増加とともに協定の間には納まらない場合もあり、筏による堰の破損も発生したと思われる。

生産・輸送・販売をめぐる紛争や筏流しと農業をめぐる紛争は、運上木制度に繋がり、二十分の一が木材の現物として徴収された。筏数の増大とともに、幕府は運上所業務を亀山藩に委託することになる。

また京都で使用される薪は、生産地では大きな収入源であった。この運送も紛争の原因となった。上世木村の筏問屋が、筏荷主の許可なく薪を筏に載せたことで筏が流失し、筏荷主から抗議を受けるという事件も起きている。

薪については舟運についても紛争が起きている。薪は、高瀬舟の積荷としてまたは筏の上荷として運ばれた。後に大堰川筏の増大とともに筏の上荷が増え、高瀬舟の荷としては少なくなった。このた

筏下り（亀岡市文化資料館提供）

め元禄九（一六九六）年、嵯峨の高瀬舟人中から訴えが出され、筏上荷の薪については、二十分の一が現物として嵯峨運上所（角倉の所轄）で徴収されることとなった。

ここで丹波木材に関する市場規模を見てみよう。宝暦八（一七五八）年の例でいえば、運上木の落札額は銀二十二貫三百匁であった（『新修亀岡市史本文編』）。この運上木の落札額を二十倍して、木材としての市場規模を推定すると約四百五十貫となる。銀四百五十貫は、当時の幕府の公定相場一両＝銀六十匁で換算すると七千五百両程度の市場規模となる。

先に述べた同じ時期の木材数は六十万本、これは筏に換算すると、ほぼ二千〜三千乗、この年の筏問屋の指賃は資料がないが、前後から推定すると一乗十三匁程度、とすると二十五〜四十貫程度が保津・山本の筏流し問屋の市場規模となる。つまり木材市場の五分から一割程度が保津川筏問屋の費用となっていた。

堰造りと管理

大堰川には本流、支流とも堰が造られた。本流のものは、灌漑用である農民の利用と筏利用の兼用であったようである。

本流である大川筋には八つの堰が村々の負担で造られ、主として農業用であったが、筏流しにも使用された。そのため筏流しは、水田に水を引くためと鮎漁の季節を外し、旧暦八月十五日から翌年四月八日までに限定された。

支流や谷川の堰は、筏流し専用のものであったといわれる。堰の構造は藤田叔民氏の著書の中に、聞き取りにより詳しい絵が描かれている。

この堰に貯められた水を利用し、筏はその水の勢いで下流の次の堰に流された。いわゆる鉄砲流しである。

ところで筏流しのためには河川改修が頻繁に行われ、角倉了以の大規模な保津川改修以前にも慶長二（一五九七）年、北桑田宇津郡で、同十（一六〇五）年、周山村での大石切りの工事が行われたことが記録されている。

これらの工事に動員された大量の石工や人足は、当然角倉了以による保津川改修にも関わり、その技能が生かされたものと思われる。

第四章　権力との繋がり

M・ヴォーリズ
William Merrell Vories (1880~1964)
(㈶近江兄弟社提供)

豊臣秀次像
滋賀県近江八幡市八幡公園

M・ヴォーリズ

ホームに置かれた小さなベンチと木造の駅舎、それは日本のどこにでもある風景であった。M・ヴォーリズは、そんな近江八幡の駅に、寒風吹きすさぶ明治三十八（一九〇五）年二月、降り立った。当時、見知らぬ土地での生活に不安を抱えた二十五歳の青年だった。

ヴォーリズはコロラド大学を卒業後、布教のため滋賀県立商業学校（現・滋賀県立八幡商業高等学校）の英語教師として来日した。彼は正規の建築教育を受けているわけではないが、建築への夢は捨て難く、その才能は日本で開花する。キリスト教の伝道の傍ら建築設計事務所を開設し、作品は住宅・教会・教育施設・商業施設など一千棟を超える数となった。一方では近江ミッション（後の近江兄弟社）を設立し、メンソレータムなどの販売事業を手がけた。我々の世代には馴染み深い。その活動は、単なる利潤の追求ではなくキリスト教精神の具現化ともいわれ、富の社会への還元をめざしたものだった。

平成二十（二〇〇八）年、ヴォーリズの建築活動百年を記念して、滋賀県立近代美術館でヴォーリズ展が開催された。そこでヴォーリズを、『青い目の近江商人』（岩原侑著）と譬《たと》えた本を見かけた。近江商人の家訓は、「売り手よし、買い手よし、世間よし」の「三方よし」として知られる。ヴォーリズ自身は、自らを「近江商人」ではなく「近江小人」と謙遜しているが、近江八幡を拠点とし日本全国に広がったその活動は、まさに近江商人の良き精神を受け継いだものだった。

そのヴォーリズ展で見かけた本の中に、はっきりした記憶はないが角倉了以に触れたものがあった。「角倉了以という立派な商人がいるが、その業績に触れたものが極めて少ない」というような内容だったと記憶している。それ以後、角倉了以について興味を持ち調べてみた。しかし林屋辰三郎氏の著作はあるが、それ以外に活動の詳細を知る手がかりは少なかった。しかし、保津川に舟を通《かよ》わすという事業を自費で、しかも六ヶ月という短期間で完成し、さらに富士川・高瀬川舟運などを手がけたという事実は、厳然として残っている。それらは、多額の費用をかけた困難な工事でありながら、知られるところが極めて少ないのもひとつの魅力であった。

ヴォーリズの活動の拠点となったのが近江八幡である。そして情緒豊かな近江八幡の街を後世に残したのは豊臣秀次であった。

そして運命の非情さから世に黙殺された秀次一族を高瀬川工事から発掘し、丁重に供養したのが了以であった。

ヴォーリズと秀次、何の関わりもない二人だが、近江八幡という街を介して了以という人物に辿り着くきっかけを与えてくれた存在だった。

豊臣秀次

近江八幡は、京都のように碁盤目状に整理された街並みと、琵琶湖の水を利用した掘割からなる美しい街である。さほど広くはないので、散策すればほぼ一日で概要をつかめる。街は武家地と商人・

職人の住む場所が整然と分かれている。

この当時の城下町のほとんどは、防衛上の意味から行き止まりやT字路など、入り組んだ複雑な街づくりをしていた。近江八幡のような碁盤目状となっている城下町は数少ない。

掘割は近江八幡の象徴的な存在で、美しい風情を現在に伝えてくれるが、当時は琵琶湖水運の活用により、商都として発展させる重要な役割を担っていた。

街の西半分の水捌けの悪い粘性土の土地では、背中合わせの町家の間に現在の下水道にあたる背割下水が設けられた。また、この土地では別の場所に掘られた井戸から竹管により水が引き込まれた。つまり上水道施設である。当時、このように上下水に配慮した街づくりは極めてめずらしかった。

このように整備された近江八幡は、その後大きく発展した。この街をつくり、後の世に残したのが豊臣秀次である。

秀次は、重臣たちの分を含め四十三万石の大名として近江八幡に入った。秀次の脳裏には信長の死後寂れた安土の街があった。秀次は安土の繁栄を近江の地に移したとされている。これにより近江八幡は歴史に残る繁栄した城下町となった。街づくりは為政者の力のみではできない。多くの人々の努力の積み重ねである。しかし、そこにはやはりリーダーの強い意志が反映されなければならない。近江八幡の街づくりは、秀吉の指示もあるかも知れぬが、形に表すときはやはり秀次の力によるところが大きかった。

秀次は秀吉の姉の子として生まれた。これが秀次の生涯を翻弄する原因ともなった。これが秀吉の妻、北の政所の甥小早川秀秋のように、同じ一族であっても暗愚に生まれていれば身の処し方は全く

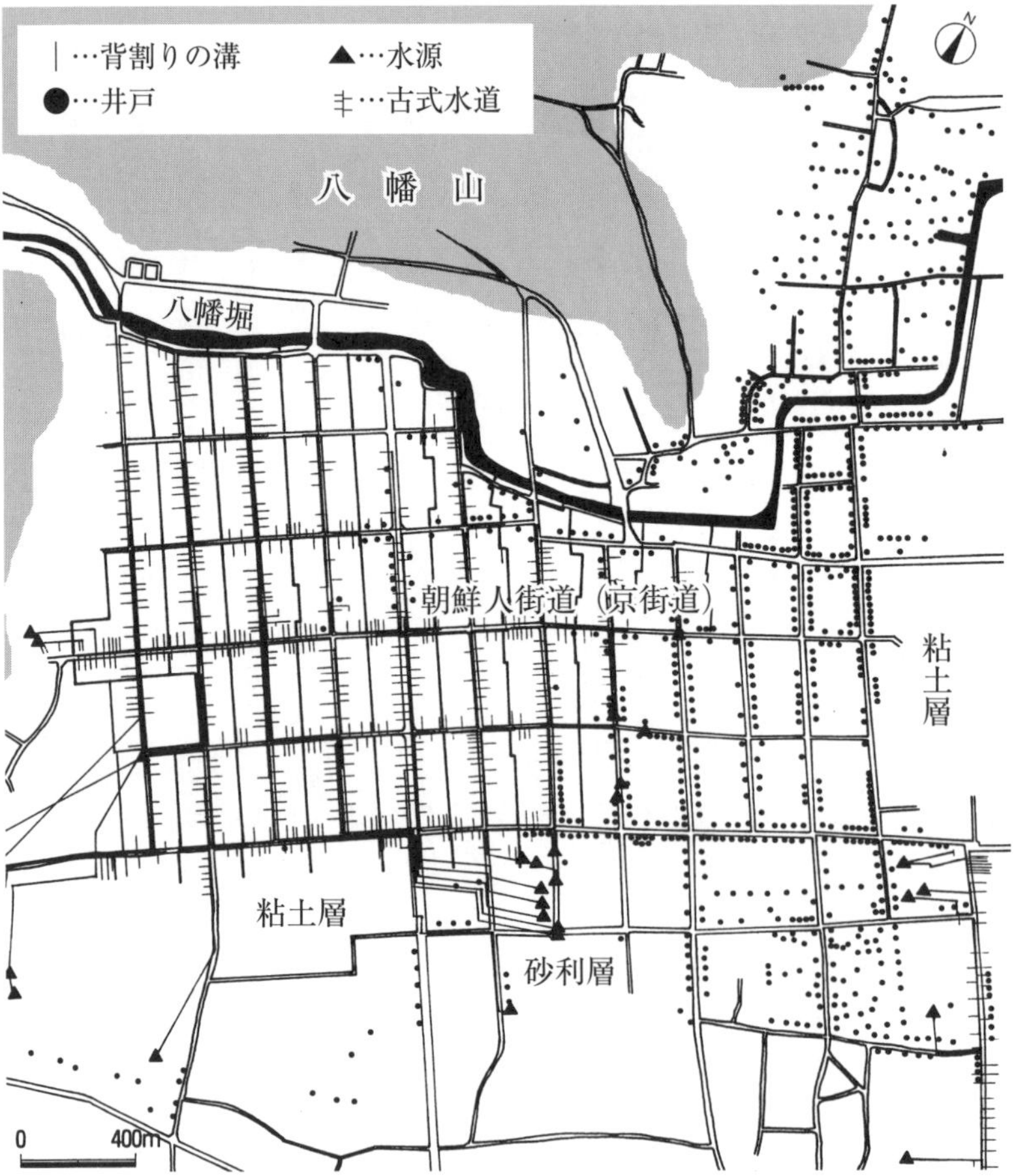

近江八幡の街
（近江八幡市史編集委員会編『近江八幡の歴史』（第一巻）より）

違っていたかもしれない。

秀次は関白になりながら、秀頼の出生により大きく運命は変わった。秀吉の一族として将来を託された身から、一転して殺生関白のような汚名を現在に至るまで引き摺ることとなった。

秀次事件の真実は、秀吉の老化や三成・淀君の陰謀説など判明しないことも多い。しかし今日までの秀次の誤った伝えられ方は、太田牛一の『信長公記』や一時秀次の家臣でもあった小瀬甫庵の『太閤記』による影響が大きいとされている。これらの本が後の世まで多くの人に読まれ太閤像を作りあげたため、今日のような秀次像も定着した。

秀次事件を悲惨なものにしたのは、単に秀次一人の切腹で終わらなかったことである。秀次の死の翌月、京の三条河原で秀次の妻・幼児・側室など三十九人が惨殺され、死体は埋められた。傍らには三成の手により「秀次悪逆塚」と刻された石塔が置かれたといわれる。

その後多くの人は、風評を信じあるいは秀吉を恐れ、この事件から目をそむけた。三条河原の遺体も出水により荒廃した。そして供養するものもいなかった。

了以の手がけた大事業に京都の高瀬川開削がある。この工事で三条河原に埋められた豊臣秀次一族の人骨と石塔が発見された。今に至るまで殺生関白との悪名で汚辱にまみれた秀次を、徳川の世になった当時でさえ、人々はその存在を憚ることが多かった。しかし了以は、それらの人々を丁寧に供養し傍らに瑞泉寺を建立した。

秀次と角倉家との交流は了以の弟、宗恂に始まる。人材の豊富な角倉家だったが、宗恂も多彩な才能を持っていた。特に医家としては、父宗桂の資質を受け継ぎ、後陽成天皇の病気の際の功績によって勅を賜り、名を「意安」と改め、名医として世に通った。この宗恂が侍医として仕えたのが秀次であった。侍医というのは通常、権力者の奥深く入り込むところもあり、秀次事件は、角倉家にとっても危機であったことは想像にかたくない。しかしこの事件を乗り切れたのは、角倉家が権力者としての秀次と接したわけではなかったからであろう。了以の人生で一貫していえることは、権力者に肌を接するような付き合い方をしなかったことである。

八幡時代、秀吉から附家老として派遣された田中吉政・山内一豊・堀尾吉晴・中村一氏らの家譜類は、徳川時代に編纂されたにも拘わらず、秀次との関係を見事に否定しているといわれる（藤田恒春『豊臣秀次の研究』）。理由はわからないが世は薄情である。

近江八幡の掘割

武士道の中に「義」という言葉がある。

了以も本来ならば、田中吉政らと同じような行動をとっても不思議ではなかった。しかし実際の了以の行動は、「義」の精神による武士道精神そのものであった。いわば武士以上の武士道の具現者であったのではなかろうか。

秀次の実像は今後もいろいろな説が出てくるであろう。これは研究者に任せるしかない。しかし、近江八幡の一角にある秀次の銅像は、市民の秀次に対する心情を表しているといえる。

そして近江八幡に話を戻せば、近江商人として活躍した西村太郎右衛門は、角倉一族に触発され角倉船により東南アジアに雄飛した。二十五年の歳月を経たが、鎖国のため故郷の土を踏むことかなわず、奉納額が国宝として八幡市内日牟礼神社に残されている。

いずれにしても近江八幡と角倉家の関係は深い。

秀次事件で連座を免れた角倉家であったが、商人としては時の権力と結びつかねばならない場面も多かったのではないかと思われる。家系を辿りながら、秀吉時代以降の角倉家について見てみよう。

秀吉時代の角倉家

角倉家の系譜について目立つのは、医術を生業とした人が多いことである。徳春は医を以って足利家に仕え、晩年嵯峨に隠遁した。二代目宗臨、四代目宗桂、そしてその子であり了以の兄弟宗恂も、医が専門であった。これらを見ても医の家系であることがよくわかる。それも並みの医家ではない。例えば宗桂は前に述べたように、天龍寺の僧である策彦周良とともに二度中国に渡っている。明の医術も学んだが、彼の医術も神察ありと評判となり、医に通じることから「意庵」の名称を受けたといわれる。二度目に中国に渡った時、明の皇帝に薬を献ずる栄に浴し、この時賜った金泥波龍の佳墨が今も子孫に伝えられているという（林屋辰三郎『角倉了以とその子』）。

宗桂は帰国後、一流の医家としてその名望は高まり朝廷から法印を授けられた。宗桂は一流の文化人としても知られている。その資質は子の宗恂や侶庵、さらに了以の子、素庵に受け継がれることになる。

一方、商家としての角倉家を確立したのは三代の宗忠であり、さらにそれを引き継いだのが了以の従兄弟であり岳父である栄可であった。天文十三（一五四四）年、宗忠は帯座座頭職を亀屋五位女から譲り受け、幕府より正式に許可される。帯の需要は、現在よりはるかに多く、角倉家が商家として大をなす要因ともなった。

角倉家が土倉といわれる金融業に乗り出したのは、やはり宗忠の時代と思われる。貨幣経済に移行しつつあったこの時期、土倉は武士や僧侶から庶民に至るまで不可欠の存在となりつつあった。しかしながら農作物中心の不安定な経済であることには変わりなく、徳政を求めた一揆は土倉にとっても大きな問題でもあった。

徳政一揆に対抗するためには、土倉側は権力と結びつかなければならない。それは、例えば宗教の権威であり、幕府との関係であった。林屋辰三郎氏によれば、帯座座頭職も角倉家の土倉も愛宕神社と深い関係にあったとされている。愛宕神社は嵯峨の氏神であり、一帯に強い影響力を持っていた。徳政一揆も神の権威の前には従わざるを得ないものがあったのかも知れない。

さらに了以の岳父栄可は権力との結びつきが深い。秀吉の五奉行の一人前田玄以は、栄可の債権の取立てに協力する文書を慶長三（一五九八）年に出している。いずれにしても宗忠の時代から角倉家は権力との繋がりは色濃くなり、さらに栄可は、土倉という職業の性格からより強く権力と結びつくことになる。そして、この時代に蓄えた資力は後の了以の事業を支えることにもなるのである。

ところで文禄四（一五九五）年といえば秀次事件の起きた年である。この年、秀吉の発願により着工した方広寺大仏開眼の法会が催された。一宗より百人宛の僧侶を出仕させようとしたが、日蓮宗は開祖以来、他の宗教の施を受けず、また施も与えないとして、当時の日蓮宗大本山本圀寺《ほんこくじ》の日禛上人は宗教の制度を守り出仕しなかった。いわゆる「不受不施事件」であり、秀吉の意に逆らった日禛上人は嵯峨野小倉山の地に隠棲した。そして常寂光寺の開祖となった。この事件はその後の日蓮宗に大きく影を落とすが、この小倉山の地を快く提供したのは栄可・了以父子であった。

約十年後に話は飛ぶ。慶長十一（一六〇六）年、角倉了以は困難な保津川の工事を自らの負担で手がけた。この時、日禛上人は備前伊部の妙圀寺の檀家にあたる来住《きしゅ》一族に依頼し、熟練の船夫の一団を招請したと言われる。彼らの技術は、舟による保津川下りの実現に大いに寄与することになった。

角倉一族の系譜の一部

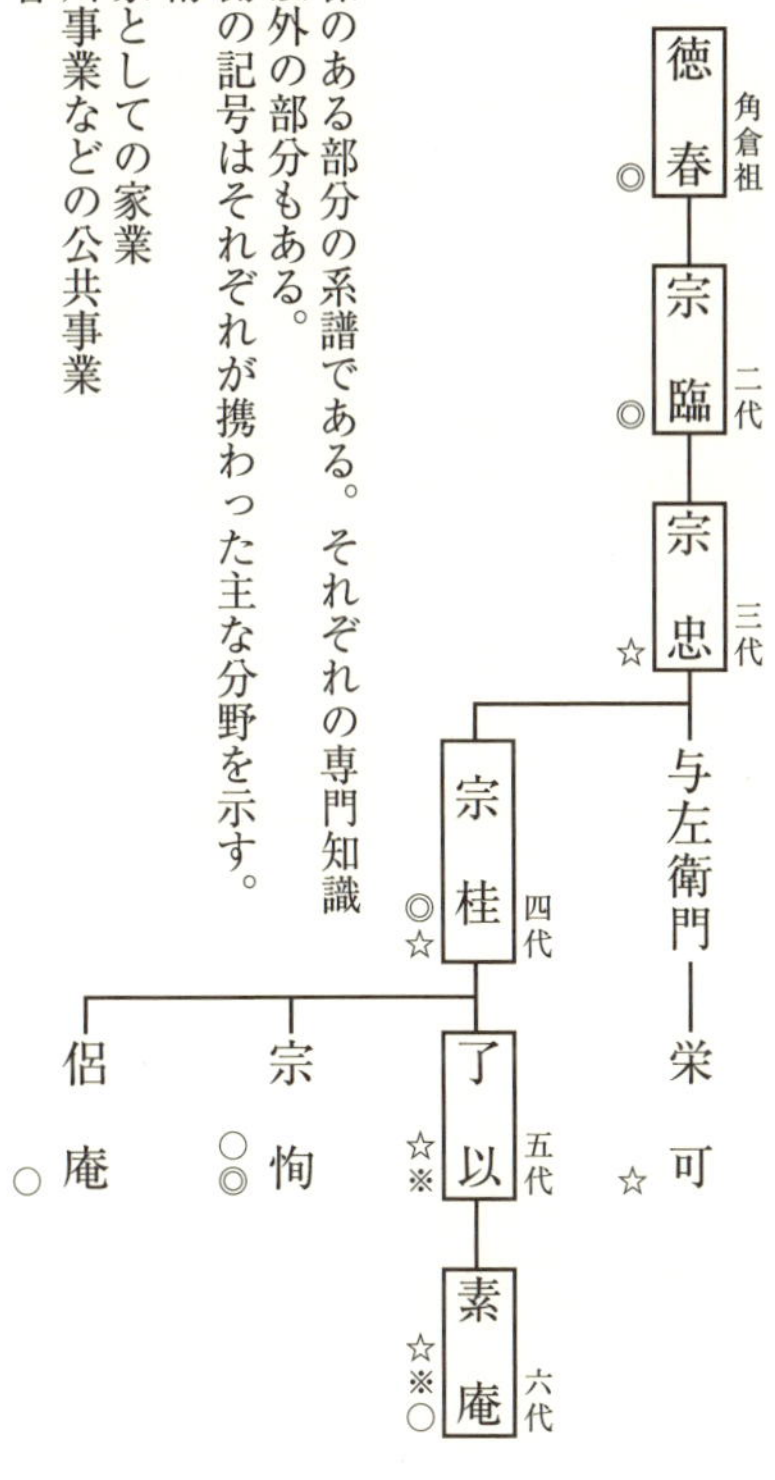

註　本書に関係のある部分の系譜である。それぞれの専門知識にはこれ以外の部分もある。
名前の左側の記号はそれぞれが携わった主な分野を示す。
◎　医術
☆　商家としての家業
※　河川事業などの公共事業
○　学者

栄可といえば権力と結びついた商人の印象が強かったが、やはり、了以と同じく「義」の精神を持ち合わせていた。そして日禛上人も「義」の精神で応えたのである。

徳川期の角倉家

時代は徳川期となり、大坂冬の陣・夏の陣を経て世はやっと戦乱から開放された。この時期、角倉家と徳川家康を結びつけたのは、了以の兄弟である宗恂であった。名医の誉れ高かった宗恂は、家康の侍医として招かれた。当時の家康の医師団は、片山《かたやま》宗哲《そうてつ》・施薬院《やくいん》宗伯《そうはく》・吉田宗恂らいずれも当代一流の名医達であった。家康は自ら薬研《ヤゲン》で薬種を砕き、体の養生についても一方ならぬ関心があったといわれる。医師たちは側近として家康の心情に触れるような場面も多かった。

了以も慶長五、六年頃、宗恂の伝《つて》であろうか、家康に目通りが許されたという（『角倉了以とその子』）。しかし、その後徳川政権との折衝はもっぱら子の素庵が受け持つことになる。

素庵の木像は瑞泉寺に置かれているが、温和なまなざしは、禿鷹のように商機を窺う富商達とは全く趣を異にする。現に伯父侶庵の影響もあり、むしろ文化人としての活動が世に知られている。しかし教養人としてのみでなく、河川工事や朱印船貿易で、第一線の事業家として活躍した素庵の多彩な才能には驚くばかりである。いわば武士であれば文武両道に秀でた人材といえるのではないか。

この才能故か、大坂の陣では船で京都から大坂に兵器を運んだり、渡河に便利なように船を連ね、いわば架設の橋を造ったりしたようである。この功績により後に淀川転運使を命じられた。河川交通の要である淀川の管理という重責を任されたことになる。

ところで保津川の工事に対する書状は、石見守、上野介の連名で出されている。石見守というのは大久保長安、上野介というのは本多正純のことである。保津川改修の翌年における富士川工事や天竜川工事は長安が、朱印船貿易では主として本多正純が、角倉に対しての徳川政権の窓口となる（後藤庄三郎の取次ぎの時もあったが）。

当時徳川政権の中枢部にいた長安と正純であるが、その後は、いずれも数奇な運命を辿ることになった。

徳川政権でも異色の人材であったのが大久保長安である。猿楽師の次男であったが、武田氏の下で武士となり、財政や治水・鉱山などの技術を磨き、徳川家康の下でもその才能を十分に発揮した。家康は滅んだ武田や北条の旧臣を代官とし、その代官頭に伊奈忠次とともに長安を据えた。長安は大久保忠隣の配下となり、大久保の姓を与えられ以後大久保長安を名乗ることになる。

現在世界遺産となっている石見銀山は、毛利の旧領で、世界でも有数の銀鉱山であった。石見銀山が幕府の直轄領となると長安は奉行に任ぜられた。その手腕もあり産出量は飛躍的に伸びたとされている。大久保石見守という名称もこのときの功績からきている。

さらに佐渡奉行となり、上杉時代からの金の生産量は、ここでも見違えるようになった。このほか伊豆の鉱山を含め、鉱山経営の面で徳川政権の中で重きをなしたといわれる。

慶長八（一六〇三）年、家康が征夷大将軍に任ぜられる時に、所務奉行（後の勘定奉行）とともに老中にもなった。この時期が長安の最盛期であった。その後、各地の鉱山の生産量はピークを超え、それとともに長安の運命も変わり家康の信任も遠のくことになる。一時は財政的にも徳川政権を支えた長安であったが、慶長十八（一六一三）年、死去とともに遺産は没収され、その子七人は切腹を命じられる。謎の多い長安だが、その華美な生活は多くの幕臣達の妬みを受けたのかも知れない。

その翌年、秀忠の筆頭老臣であり長安を引き立てた幕府の実力者大久保忠隣も改易される。忠隣は秀才の誉れ高く幕臣の人望を集めたが、本多正信・正純親子とは徳川政権の中枢において対立する立場にあった。忠隣を失脚させ、徳川政権での存在感を増した正信・正純親子であったが、その末路はやはり厳しいものであった。正信は家康と同年、元和二（一六一六）年死去し、その六年後、正純は陰謀容疑で所領を没収される。いわゆる「宇都宮の釣天井事件」である。家康の下で実力者であった正純ではあるが、秀忠政権下の新しい幕政組織の中では次第に孤立していった。

このように角倉家とも関係の深い大久保長安・本多正純の一生を見ると権力とは儚《はかな》いものであることがよくわかる。このような実力者の浮き沈みがありながら、角倉家は激動の時期を乗り切っていった。

権力との繋がり

室町時代以降、多くの豪商が誕生した。これらの豪商たちは、当然ながら権力者と深い繋がりを持った。しかしながら権力者の死去とともに急速に彼らの影響力は衰えていった。信長の代から家康の時代にかけて生き残った豪商もあるが、そのほとんどは子孫まで繁栄を続けることはできなかった。では何故角倉家は、激動の時代を乗り切り、その後も多くの人材を輩出することができたのであろうか。

初めに考えられるのは人材の豊富さである。了以以前にも角倉家は多くの分野で優れた人材に恵まれた。これが角倉家の大きな財産となった。また了以は後継者に恵まれた。了以の事業を継いだ素庵は、学術的にも優れた極めて魅力的な人物であった。

二番目に注目すべきは、了以の商いに関する考え方である。前にも述べたが、朱印船貿易の際、素庵が藤原惺窩に依頼した舟中規約の一つに、「およそ回易の事は自他共に利すること」という一文がある。これは近江商人の家訓にも通じる。了以の行動は後の利益を考慮に入れつつも、富の社会への還元といえるものであった。

三番目は、権力に近づきながらも懐深く入り込むことはなかったことである。権力との深い繋がりによって、自らも権力者のような錯覚をいだくものも少なくない。このように作られた架空の舞台は権力者の退場とともに脆くも崩れ去るものである。

最後に独自の技術を持っていたことである。この技術は保津川や富士川の河川工事に反映され、京都には高瀬川に舟が通った。これらの事業は、現在に至るまで角倉家の誇りとして歴史に残ることになった。

第五章　保津川通船工事

大堰川
清滝川
〔保津峡〕
大堰川
亀岡盆地
至北山杉の里
清滝川
落合
トロッコ
保津峡駅
大高瀬
船下り
渡月橋
小鮎の瀬
金岐の瀬
朝日ケ瀬
乗船場
トロッコ嵐山
トロッコ亀岡
渡月橋
JR馬堀駅
トロッコ列車
大悲閣

保津川下り絵図

保津川下り

保津川下りは十三キロメートル、約一時間半の舟旅である。流れの急な瀬では呑み込まれるような激しさはないが、狭まった水路は疾風《はやて》のように舟を運び、静かな瀞《とろ》では、河岸の奥に潜む幽境の大自然に思いを馳せることができる。

時には小山のような巨岩が出現し、両岸の綱道（登り舟を曳きあげる道）を見ると、当時の船頭たちの舟を牽く姿が偲ばれる。そこには、強靭な意志の力で困難な保津川の工事に挑んだ角倉了以の世界が広がっていた。

川下りは亀岡が起点である。四季折々の花が咲き乱れる亀岡駅の周辺には、長閑な田園が広がっていた。十五分ほど歩くと乗船場がある。気候の良い頃は、乗船時間となると何艘もの舟が次々に出る。私もその中の一艘に乗船した。紅葉には早い時期であったが、豊かな自然の中を舟は進んだ。しばらくはゆったりした流れに乗って舟は進む。川の安全の守り神である請田神社が左岸に見えるところまでは、いくつかの瀬があるがそれほど激しいものではない。やがて金岐の瀬切溝を過ぎると、瀬を流れる水流も飛沫をたてるようになる。小鮎の瀬・大高瀬というような難所を過ぎると、川筋も向きを南に変えて穏やかな流れとなる。その後向きを北に変え、しばらくして再び南に変えて、舟は了以の工事の名残と言われる朝日ヶ瀬に入る。ここまでは激しい瀬とゆったりした瀞の繰り返しである。

その後、北山杉の里からの流れである清滝川と合流する落合までは、ＪＲの橋梁やトロッコ列車の保津峡駅、そして多くの巨岩を望みながらの舟下りである。終点の嵐山に近くなると流れも穏やかなものとなる。実に変化に富んだ舟旅であった。

了以は、保津川に舟を通わすような困難な工事を何故手がけたのであろうか。大悲閣にある碑文によれば、慶長九（一六〇四）年、作州《みまさか》（岡山）の和計川《わけがわ》（吉井川）を通う喫水の浅い平底船を見て「凡そ百川、皆以って舟が通ずべし」と思ったことが動機であるとされている。

しかし、流れの緩やかな吉井川から発想したとの見方には疑問を持つ人も多い。

『岡山県史（第七巻近世Ⅱ）』には岡山の高瀬舟について次のような記述がある。「上りは数艘で船団を形成し、風があれば帆を張って進んだが急な瀬では船団の船頭は協力しながら、岸から綱で舟を曳あげた。」いつの時代の記述かは不明だが保津川とは大分印象が異なる。

岡山を訪れたのは事実としても、直接の発想は別の河川にあったと見るのが自然のように思われる。兵庫県を流れる加古川は、保津川の工事より約十年前に開始された。京に近く、流れの激しい部分も多い。発想が加古川にあるとの見方は『近世日本の川船研究』の中で川名登氏も指摘されている。

ここで加古川について触れる。

加古川の工事は二期に分かれる。加東市滝野町の闘龍灘から播磨灘に臨む高砂までが一期工事であり、闘龍灘から上流が二期工事である。闘龍灘は、普段は大蛇が地を這うような姿から、大雨の時は何匹もの龍が首を持ち上げ、相手を呑み込もうとするような激しさに一変する。名を付けたのは漢詩人梁川星巌である。

ここに舟を通すのは、さすがに江戸期の技術では無理で、明治の時代まで待たねばならなかった。

中間地点である滝野町で、舟は乗換え、筏は組み直す必要があった。このため滝野は中継地として栄えた。

一期工事については、『阿江《あえ》家文書』に残る次の『由緒書』によって知ることができる（野川至『近世の加古川舟運史』）。

「太閤様姫路御在城の時代、御郡代の生駒玄蕃様より、「文禄三年甲午年」、先祖の阿江与助に滝野川（加古川）の開発を命ぜられ、滝野から高砂までの数ヶ所の岩石を切り除き「難瀬」は掘りさらって、加古川の通船を始めようとした。また滝の場所は岩を切り明け、筏を通すようになった。これらの功績の「御褒美」として、阿江与助へ「舟座」の運営をおおせ蒙ることになり、そのことから阿江弥助は「滝野川通船之元祖」といわれています。」（「」内は原文のママ）

阿江正友（通称与助）は磯部《いさべ》（砂部）村の彦兵衛・垂井《たるい》村の三郎右衛門と分担し、工事を完成させた。

このうち、阿江与助は大門町から滝野町までの岩場を切り開いたといわれる。阿江家は中世の国人領主の系譜を持つ土豪で、資金力と人の動員力を見込まれた（『小野市史』）。与助は私財を投じ、後に滝野に船座を設ける権利を与えられた。

文禄三（一五九四）年といえば、了以が保津川の工事を手がける十二年前、状況も類似している。了以が工事に取り掛かる二年前からは、加古川二期工事が始まっている。いかに了以といえども困難な保津川の工事を成算もなく手がけたわけではあるまい。大堰川上流では、すでに筏下りのための改修工事が行われていた。この工事や加古川の状況から、詳細な現地踏査の上、保津川の工事に踏み切ったと考えたい。

なお加古川二期工事は、慶長九（一六〇四）年から慶長十二（一六〇七）年まで、姫路城主池田輝政の命により阿江与助も参加して行われた。

通船工事

了以の実施した工事の名称をどうすべきか迷った。開削工事、開鑿工事、改修工事など文献により様々な呼び方がされている。しかし以前にもすでに筏下り用の水路はあった。したがって、水路を広げたり掘り下げたりして船用の水路を確保する工事や、舟を曳きあげるための綱道を造る工事が主であった。新たに切り開くような表現よりは、初めて舟を通すという意味で通船工事という名称がふさわしいと思われた。よって「保津川通船工事」という名称で以後の稿は進めたい。

慶長十一（一六〇六）年三月、工事は開始された。そして筏流しの始まる八月には完成したといわれる。難工事としては驚くべき短期間である。

通船工事のなかで、綱道については後で述べるが、まずは水路である。

大悲閣にある「河道主事嵯峨吉田了以翁碑銘」は、林羅山により書かれたものだが工事の様子を次のように伝えている。

丙午の春三月に了以は初めて大井河を浚《さらえ》た。其大石が有る所は轆轤索《ろくろさく》を以て之を索く。水中に在る石は則《すなわち》浮樓《ふろう》を構えて鐵《くろがね》棒の鋭頭長さ三尺周《まわり》三尺柄の長さ二丈許《ばかりもって》を以縄を繋《つな》ぎ数十餘人の梚　扛《ばんこう》を使う。

而《しし》て徑《けい》の下に之を投《なげる》と石悉《ことごと》く碎《くだ》け散る。石が水面より出るのは、則《すなわち》烈火で焼碎《くだ》す。河廣而《ひろきて》浅者《あさきは》石を帖り而其河を挾《せば》め其水を深く又瀑《たき》の有る所者《は》其上を鑿《うが》ち下流に與《あた》え之を平に準《なら》す。

川の水深の浅いところでは、「水寄せ」、「水刎《みずば》ね」と呼ばれる構造物により水深が確保された。「水寄せ」は、今までにほとんどが破損し修復され原形を留めていない。しかし、朝日ヶ瀬の「水寄せ」は、了以の工事の原形を残している貴重な場所であるといわれている。

「了以碑銘」の中には、浚渫をして川底を深くし、滝のようになっている部分を緩やかにした工事があったとされている。しかし、これについてはすでに筏の通行していたことを考えると、大きな滝のような落差のある箇所があったとは考えにくい。もちろん筏と舟とは危険性は異なるのだが。

保津川下りをした時、両岸にせまる岩肌と川床に見え隠れする岩礁は、通船工事における岩盤との戦いを我々に強烈に印象づけた。

硬質の岩石を割り、水路や綱道を造るために了以が採った方法が「了以碑銘」に書かれている。水中の石は浮樓と呼ばれる水上の足場の上で、錘を付けた鉄の棒を数十人で引き上から落とすことで岩を破砕させる。このような方法は他の工事でも採られたようである。

しかし、水面から上の部分は焼砕が主とした記述になっている。瑞泉寺絵図でも大きな岩の上で焚き火をしているものが見受けられる。果たしてこのような工法が採られたのだろうか。了以の実施した工事の中でも大きな疑問の残る部分ではあった。限られた資料ではあるが、岩盤工事の実態を推察してみよう。

岩盤工事

丹波亀岡から京都嵯峨にかけては砥石の一大産地である。砥石にもいろいろあり、仕上げ砥と呼ばれるものは粒子の細かい粘板岩から作られる。中でも放散虫の石英質骨格が堆積した珪質粘板岩は、極めて良質であるとされる。京都の高雄から北嵯峨にかけての一帯を産地とする「鳴滝砥石」はその代表である。日本刀の仕上げには欠かせない。一方丹波亀岡は、大工道具などで使用される高級な中砥石である「丹波青砥」の産地である。これらはいずれも地底奥深くにあった堆積岩が造山活動により隆起し、採掘可能となったものである。

保津川周辺の岩石は、丹波帯と呼ばれる中世代の堆積岩からなっている。この岩盤の破砕法については、専門書でも前記の「了以碑銘」を引用している場合が多い。そして古くから焼砕により岩を砕く方法が存在していたことを伝えている。

例えば『明治以前日本土木史』（土木学会）では、『続日本紀』の「宝亀元（七七〇）年、西大寺東塔心礎を破砕するに柴を積み酒を灌ぎて焼砕する方法」の記述をあげ、「了以碑銘」に書かれた方法を裏付けている。さらに「芋径を焚き石を砕く方法」も『野中兼山先生伝』（細川潤次郎著）から紹介している。

しかし保津川通船工事は半年という極めて短期間である。果たしてこのような工法により岩盤工事が実施されたのであろうか。

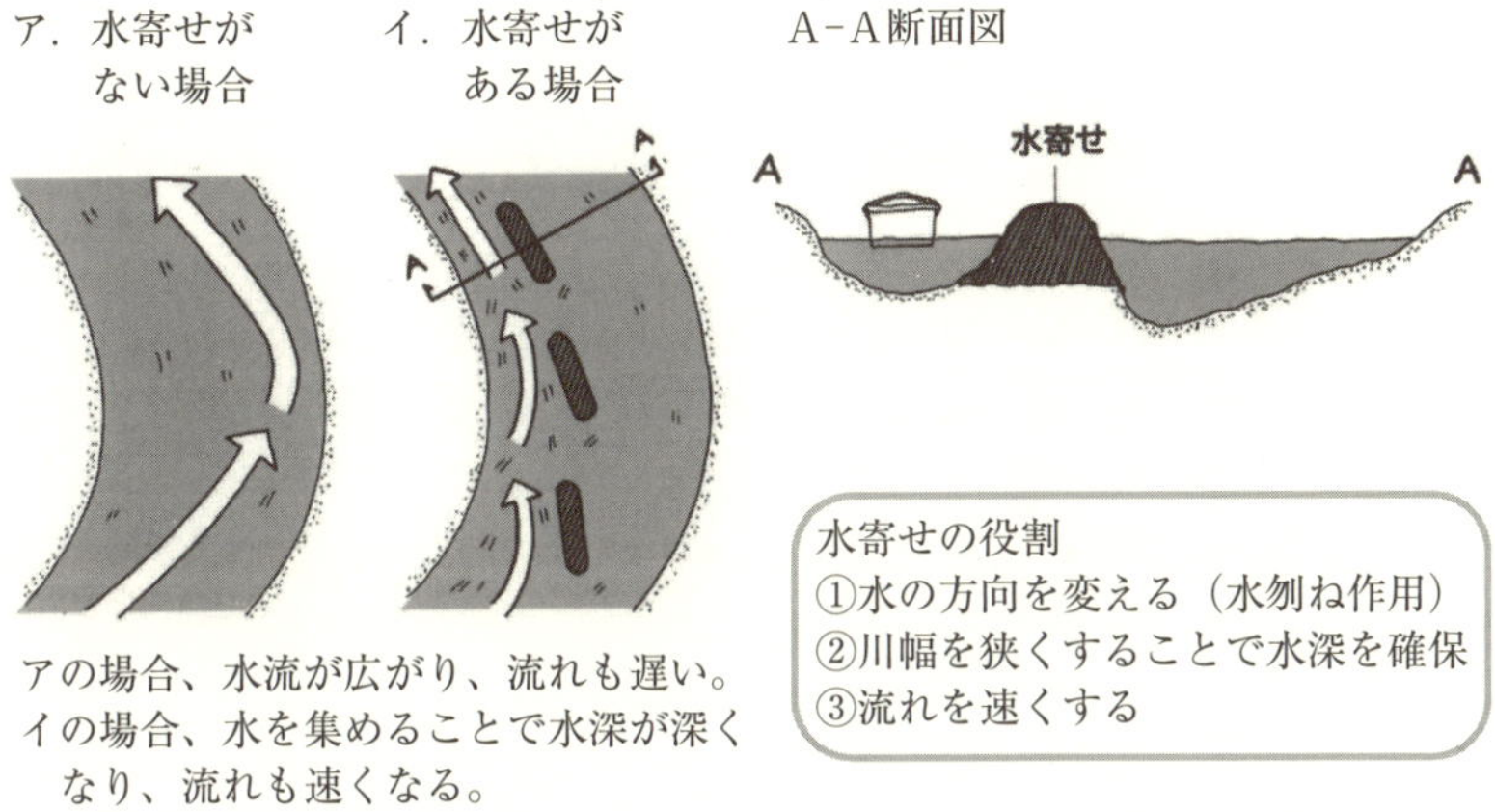
ア．水寄せが
ない場合
イ．水寄せが
ある場合
A－A断面図
A
水寄せ
A
水寄せの役割
①水の方向を変える（水刎ね作用）
②川幅を狭くすることで水深を確保
③流れを速くする
アの場合、水流が広がり、流れも遅い。
イの場合、水を集めることで水深が深くなり、流れも速くなる。

水寄せ（保津川の世界遺産登録をめざす会『保津川下りの今昔物語』より。作図：中川未子）

朝日ヶ瀬

通常、石を割るには、ゲンノウ、ノミ、ヤを使用する。まずノミによりヤ穴をあけ、それに大ゲンノウを使い、ヤを叩き込むことにより岩を割る。このような技術は鎌倉時代から存在していたようだ。石工の鋭い勘により石目を見分け、岩を割るのである。

今西祐行著『肥後の石工』の中には次のような記述がある。

「突き出た岩の根っこに一列にほりぬいてちいさな穴をあける。そうしておいてからその上で焚き火をする。すると岩が焼けてそこだけ膨張する。じゅうぶんに膨張したころあいを見はからって、重い鉄の大づちをうちおろす。すると一列に穴をあけたところからまるできったようにわれて石はどっと落ちる。」

「了以碑銘」にある「烈火で焼砕す」との表現は、一般には烈火のみで破砕するような受け取り方をされている。後で述べる鉱山での火力使用に関する『明治以前日本土木史』の記述や『肥後の石工』の描写もあるので、「了以碑銘」もあながち否定することはできない。しかし、短い工期を考える時、焚き火を使用したとしても、それのみではなく補助的に用いたものではないかと思われる。

一般に岩盤工事は時間のかかるものである。例えば慶長六（一六〇一）年に完成した愛媛県石手川改修工事の岩盤工事では、数十間の堅い砂岩に石のみと鎚で立ち向かい、「砰《ずり》一升に米一升」というような言い伝えがある。砰とは掘り出された岩石や土砂をいう。すなわち砰一升の労賃として米一升を与えたとの譬えである。また福岡県堀川では、幅六メートル、長さ四百メートルの岩盤の開鑿に七年を要したといわれる。いずれにしても焼砕により工事が進んだとは思えない。

これらの岩盤工事の主役となるのは、やはり石工である。岩盤を破砕するには石の性質を良く知らねばならない。岩の種類による節理や成分の違い、硬いか柔らかいか、どこにヤ穴を彫るのか。これらについては、岩に直に触れ長年の経験を持ったものでないとわからないといわれている。このような人々は石工とも石切とも呼ばれる。

石工といっても様々な職種がいる。山から石を切り出す者、石垣を積む者、石像や灯籠などを加工する者、あるいは庭仕事に携わる者など様々である。

戦国から江戸にかけては、築城技術の変化とともに石工の全盛期を迎えた。安土築城に関わった近江坂本の穴太衆と琵琶湖東の馬渕衆はその代表的存在である。穴太衆は、丹波篠山城など多くの城の石垣工事にも参加した。馬渕衆は、角倉の祖である吉田の故郷に近い場所を居住地とした。馬渕地区は岩倉など石の産地に近く、馬渕衆は安土城の石の切り出しを担当したといわれる。

保津川周辺も砥石の産地であることから、石工の存在は想定される。また大堰川上流の工事にも石工が動員された。保津川の工事にどのような石工が活躍したかは定かでないが、ともかく彼らの力により、保津川に舟が通ったと想像されるのである。

なお、烈火とは火薬ではないかとの説もある。確かに種子島伝来、黒色火薬も国内で製造されたようだ。

ただし、『明治以前日本土木史』は次のような記述により、爆薬が土木工事に使用されるようになったのは、明治以後としている。

「岩盤掘鑿には古来鑿と鎚とを用いたりしが、岩石堅硬なる場合にありては、火力を用ひしは伊豆縄地銀山、陸前砥澤金山の如きあり。又別子銅山の如きも鑛石採掘の際同方法を行へり。然れども其作業遅緩なりしが、文久三年大島高任、米国鑛山技師バンベリー及びブレキ等は北海道雄楽漢字部鉛《ゆうらっぷ》山に於て火薬破發を試みたり。是實に将に来らんとする明治時代鑛業の前驅と謂ふべし。」

またいくつかの砕石場でも、火薬使用は明治後半もしくは大正時代とされている。

大久保長安が鉱山開発で一時火薬を使用したが、爆発事故などによりその後は取りやめたとも伝えられている。角倉家に伝わる技術も火薬の使用までには至らなかったと思われる。

高瀬舟と綱道

高瀬舟とは、舳が高く底が平らな箱型の舟で各地の河川で用いられた。舟底が浅いため保津川のような岩礁の多い急流でも操船が可能である。了以もこの舟を使い保津川下りを実現させた。

保津川下りの舟を預かったのが、舟持といわれる人々である。保津峡入口の保津・山本両村では、村そのものが預かり主となったが、それより上流の村々では、現地の有力者である土豪たち（長百姓）が舟持となった。有力者には筏問屋も含まれていた。嵯峨より下流では角倉家が船運を一式受け持つことになる。

了以の保津川通船工事から四百年目の平成十八（二〇〇六）年、多彩なイベントがあり、その後、「保津川の世界遺産登録をめざす会」により、「保津川船頭の曳船《ひきふね》と川作《かわさく》技術」を記録する事業が行われた。この中で六十年ぶりに木造船が造られた。この舟は長さ十二メートル、重さ七百八十キログラムのものである。

復原された高瀬舟
（『保津川下りの今昔物語』より。撮影：出水伯明）

海を行く和船の場合、船底には頑丈な松や樟材の航《かわら》（別名敷《しき》）が用いられるが、保津川の復元された舟では、杉材からなる二十八枚もの板を接いでシキが造られたという。保津川に使用された舟を特徴づけるのは、メアナ、ツナツケ、サオアテで、いずれも舳にあり舟を上流に運ぶためのものである。メアナは側にあけられた穴で、ハナボウという棒を差し込んで舟を上流に運ぶ。ツケツナは文字通り船頭が舟を綱で引くためのものである。サオアテは舟の側面内側に四角く掘られた穴で舟を棹で押すためのものである。

船頭が舟を上流に運ぶ様子は、『保津川下りの今昔物語』（保津川の世界遺産登録をめざす会）に図と共にくわしく説明されている。これによれば、曳舟が行われていた時期は四人の船頭が乗船していたという。上流に引き上げる時、船長は舟に残り舵をとり、残り三人の船頭が曳綱を肩にかけ舟を引くという。時には対岸に渡り場所を変え、このための「ワタシ」と呼ばれる場所が十二ヶ所もあった。

曳舟の時はゴンゾウ草鞋《わらじ》を履いたという。もとは筏師専用だったといわれている。草鞋は一日に二足必要だったといわれるほど綱道の作業は厳しかったようだ。この草履《ぞうり》は底部にひとつずつしか紐通しがない。そして履くときは内足側の踵半分を底からはみ出させて縛る、この方が踏ん張りが効いて岩場でも歩きやすいといわれる。余談だがこの草履は、富士川では半分の大きさになり、足半《あしなか》と呼ばれ、高瀬川にも引き継がれた。

空舟とはいえ、引き上げるのはさぞ重労働だったことだろう。下りは二時間でも、引き上げる時は倍の四時間かかったという。漱石の『虞美人草』は、空舟の上る様子を次のように見事に描き出している。一部を引用する。

「急難《きゅうなん》を落ち尽くすと向《むかう》から空舟《からふね》が上ってくる。竿も使わねば、櫂は無論のことである。岩角に突っ張った懸命の拳《こぶし》を収めて、肩から斜めに目暗縞を掠《かす》めた細引縄《ほそひきなわ》に長々と谷間伝いを根限り戻り舟を牽《ひ》いて来る。水行く外《ほか》に尺寸《せきすん》の余地だに見出しがたき岸辺を、石に飛び、岩に這《は》うて穿《は》く草鞋《わらじ》の減《め》り込むまで腰を前に折る。だらりと下げた両の手は塞《せ》かれて注ぐ渦の中に指先を浸すばかりである。うんと踏ん張る幾代の金剛力に、岩は自然と擦り減って、引き懸けて行く足の裏を、安々と受ける段々もある。」（岩波文庫より）

巨大な岩の側面に削られた綱道、水辺に敷かれた小石の上に組まれた大きな石の上を通る綱道、細い通路を確保するために造られた石組みは、当時の船頭の姿を思い起こさせた。

了以の通船工事は、水路の確保と綱道を造ることが主であった。水路はすでに筏下り用にかなり整備されていた。むしろ重点はこの綱道を造ることにあったのかも知れない。保津川下りは、角倉了以が後世に残した遺産とともに当時の船頭達の苦労を偲ばせる旅でもあった。

綱道の一部

曳船の図（『保津川下りの今昔物語』より。作図：中川未子）

来住《きしゅ》一族と妙圀寺《みょうこくじ》

来住一族については前に触れた。来住の呼び方については、この本を書くにあたって備前市浦伊部《うらいんべ》の来住一族の遺構を訪ねた際、現地では〝きしゅ〟であることを確認したので、この呼び方に従うことにする。

来住家の家系については正確なことはわからないが、歴史の表舞台に登場するのは、七代を名乗る法悦の時代である。地元の郷土史研究家の岡崎さんに案内していただいて、一族の屋敷跡を訪ねた。それは歩いて登るにはきつい急傾斜地にあった。眼下には国道二百五十号線を隔て、埋め立てられた田が青々と広がっていた。昔は、来住家の屋敷の足元を、瀬戸内から入り込んだ片上《かたかみ》の港の海水が洗っていたことであろう。

今は、長く続く石垣が残されている。その一角に「太閤門」がある。法悦は秀吉の高松城攻めの帰途、秀吉を迎えるため、「御殿」とともに「太閤門」を造った。本能寺の変のため、秀吉の立ち寄りは実現しなかったが門は今も残されている。

法悦は、地理的な条件から見て、おそらくは海運業で財を成したのであろう。熱心な日蓮宗の信者で親交のあった京都本圀寺の日禎上人から法号「法悦」を与えられている。

妙圀寺は来住屋敷からさらに上の敷地にある。もとは天台宗の寺院であったが、後に日蓮宗に改宗し、備前・播磨に宗徒を持つ大寺となったが、戦国の中で荒廃していった。

浄光山　妙圀寺
（『平成13年度紀要浄光山妙圀寺』より。備前市歴史民俗資料館所蔵）

天正の頃、これを復興したのが来住法悦である。慶長七（一六〇二）年、伽藍の完成とともに日禛上人を招き落慶供養を営んだ。

秀吉の建立になる方広寺大仏の千僧供養の際、「不受不施」の宗制を守り出仕を拒否した日禛上人に対して、小倉山の地を提供したのが栄可と了以であることは前に述べた。小倉山一帯の土地は角倉家の所有に帰していた。日禛上人は常寂光寺の開祖となった。

妙圀寺の末檀家である牛窓の法蔵寺の檀徒には船大工や船頭が多い。そしてこの檀徒から、了以の保津川通船工事に伴い必要とされる人材を提供したのが日禛上人であった。法蔵寺の檀徒は、舟を操りあるいは舟を建造し、了以の仕事の支えとなった。この人達は、通船期間である八月に来て翌年九月に帰っていったが、その後、法蔵寺の檀徒はこぞって嵯峨に移住し同寺は廃寺となった。了以は天龍寺小字大雄寺の荒地を開拓し、小屋を建てこの人達の住まいとした。小屋町と称したが後に角倉町となった。

常寂光寺の檀家には、先祖が牛窓から来たという家が現在でもあるといわれている。

謎の工事費用

保津川の工事に了以は私財を投じたといわれる。これにより保津川に初めて舟が通った。命の危険さえあった筏師にとっても救いとなった。それまでは老ノ坂峠を越え、馬でしか運べなかった荷駄についても、はるかに短時間で大量のものが丹波から京の都に運ばれるようになった。後に河川大名とまでいわれるようになった了以の事業の夜明けである。

しかしその工事にかけた費用は全くわからない。後に行われた京都高瀬川の工事については、七万五千両（「高瀬川浜地等地所下戻申請書」京都府総合資料館）という数字が残されているが、これも後で述べるが詳細は定かでない。

保津川の場合は、舟運開始後の船数や積荷・運賃などの記録は詳しく残されている。しかし工事関係の資料はほとんどない。了以はこの工事にどの位の費用をかけたのであろうか。高瀬川工事より費用がかかったという説もあるが、六ヶ月という極めて短期間の工期を考えると、それほどの費用ではないという見方も多い。裏付けとなる資料がないので推理の世界から謎を解きほぐすしかない。

大きな事業にはそれなりのリスクも伴う。了以の夢を開花させた事業ではあるが、巨費を投じた難工事であれば、角倉家を存続させるためには、相応の心構えも必要となったであろう。その後の家運は、この事業如何にかかっているといっても言い過ぎではなかった。

今の保津川下りは、ときおり姿を見せるトロッコ列車とともに、我々をロマンに満ちた世界に誘う。しかし、舟の乗船客にもトロッコ列車の乗客にも、慶長の工事の労苦は、ほとんど感じられないであろう。

限られた資料からの大雑把な試算ではあるが、工事費の謎を、動員された労働力と運賃収入から推察してみたいと思う。

なおこの事業では、舟は角倉家の負担で造られた。そして舟運の開始により、職をなくしたであろう陸送に携わる人々の補償も考えなければならなかった。幕府や大名であれば、あるいは無視できたかも知れないこのようなことにも、了以は配慮する必要があった。現在の公共事業にも通じる話ではある。

労務費から見た工事費用

工事費用を考えるとき、現代であれば、材料費や労務費・機械器具などの直接工事費と足場などの仮設費や管理費などの共通費に分かれるのだが、保津川通船工事の場合、労務費が主となるのは間違いない。

労務費を考える上では、いわゆる歩掛《ぶがかり》（ある作業を行うための労務や材料の数量など）が必要となる。現代の建設工事では馴染み深いが、当時詳細な記録が残されることは極めて少ない。保津川の工事についても同様である。

このため、いくつかの資料から、投入されたであろう労働力について推定することが必要となった。了以が保津川の工事にかかる以前から、大堰川上流では筏流しのための工事が行われていた。これについては、『丹波国大堰川筋古実書』を基に書かれた藤田叔民著『近世木材流通史の研究』に詳しい。同著書によれば、慶長元年、まず山国・黒田両郷の農民達により工事が進められた。それ以後、大堰川下流や支流の村々も筏流しのため工事に参加するようになり、多数の労働力の投入により本格的な筏流しが可能となった。

記録のある正徳五(一七一五)年から享保十五(一七三〇)年の期間には、毎年銀三貫二百五十三匁が支出されたとある。その後も、年に二貫目から三貫目が、あるいはそれ以上の工事費が投入された。これについて村々の負担割合の決まりがある。天保二（一八三一）年の『拾か村諸入用割賦帳』では負担割合とその根拠が示されている。この年の総額は十一貫百八十二匁であり、初期に比べ三倍半から四倍になっている。さらに、初期は工事費が主であったが、次第に工事費の割合は少なくなり、幕末では十五パーセント程度まで下がってきている。一方では筏問屋・三ヶ所出店費用や筏仕舞費用などの諸経費が増加している。

『丹波国大堰川筋古実書』では労務の内訳も示されているが、大規模なものとしては慶長十（一六〇五）年のものがあり、次のような内容となっている。

慶長十辰《ママ》年　此時堀戸中石切切戸明ル、宇津坂之下中大石切、周山卯之森之大石切、〆四ヶ所右之石工弐百七拾人、人足百拾五人、此時下宇津殊外世話被成候、卯之森ハ周山村より世話被成候

この時の工事は周山から宇津にかけて行われ、大石切が主であったようで、二百七十人もの石工が動員されている。

また慶長九（一六〇四）年から行われた加古川の二期工事では、『阿江家文書』に次のような記述が見られる（野川至『近世の加古川舟運史』）。

「舟町より滝野村までの舟路を開削した。津方の滝四〇〇間余り、野村の滝五〇〇間余りの「大なめら」（水のぐるぐる回るところ）に舟路を切り明けた。またそのほかところどころの岩石を慶長九年から十一年九月までの間に、舟持衆のなかから石切り人夫を雇い、のみ、つち、げんのうなどの道具をととのえ、川普請をおこなった。しかしあまりにも開削に「苦身《くしん》」しているので、領主より、「石切上手」の人々を御借りいただき「石切衆扶持《ふち》方」として銀を出していただいた。」

これで見る通り、石工は特殊な技能を必要とする職種であり、並みの能力ではなかなか工事が捗らなかったようである。

保津川の工事では、どの程度の石工や人足が動員されたかは全く不明だが、石工についていえば、築城ブームが続いていた時期とはいえ、能力を持つ者を多数集めることは困難であった。

例えば石積工事で有名な穴太石工は、徳川初期でも三百人程度といわれる。他地方の石切についても限られた人数であろう。呼び寄せたとしても、大名でもない角倉家が大人数を動員できたとは考えにくい。角倉の祖、吉田の故郷に近い馬渕衆も参加した形跡はない。したがって最大限動員できたとしても、慶長十（一六〇五）年の大堰川上流工事の倍、五百人程度ではないだろうか。あくまでも推測ではあるが。

次に石工の給与についてはどうであろうか。

明暦三(一六五七)年六月に幕府は上職人の手間賃を公定した。『徳川禁令考』によれば、石切(江戸期の石工は「石切」とも呼ばれた)の上職人は一日銀三匁となっている。しかしこれは明暦の大火による復興需要のため賃金の高騰を生じたことによるものである。したがって保津川の工事が行われた時期とは物価水準が異なる。このため慶長の工事の給与も明暦の時代よりかなり低いのは当然である。

職人の給与は上・中・下のランクがあるが、『徳川禁令考』では上職人のみを示している。また飯米が含まれているか自己賄かも給与に影響があり、さらに江戸と地方によりその水準は異なるものと思われる。

このような条件の下で、保津川工事の時期の石工の給与水準を推察するのは困難であるが、次のような方法でおおよその数字を探ってみることにした。

まず先程の『徳川禁令考』の一日銀三匁を、物価水準(中沢弁次郎『日本米価変動史』を使用)で慶長十一(一六〇六)年に置き換えると、五割~六割程度となる。しかし職人のランクや明暦の数字が賃金高騰によることを考えると、慶長十一年の時点では、保津川工事における石工の給与水準はこれよりさらに低くなると思われる。

さらに、遠藤元男著『近世職人の世界』に掲載されている『加賀藩史料』、小柳津信郎著『改訂版近世賃金物価史史料』の『鯖江市史』の数字などを総合的に判断し、加賀と京の地域性を考慮し、『徳川禁令考』を補正した数字との中間値をとれば、石工給与は一日銀一・三匁程度と推定される。

さらに人足数については、先の大堰川上流工事でも様々であるが、石工二百七十人を動員した時は人足百十五人という数字となっている。しかし保津川の場合、短期間での難工事を考えるとかなりの人数を動員したことも考えられる。ただし、数さえ多ければ良いというものではないので石工の倍六百人～一千人と仮定する。

人足の給与については元禄期の一日四十文～六十文（『改訂版近世賃金物価史史料』）から物価補正をすれば、石工の三分の一程度となる。

また工事は、筏下りの時期をはずすため慶長十一（一六〇六）年三月～八月となっているが、準備期間等を考え二百日程度の作業期間を考える。

以上の仮定によれば、労務費は一千六百両～二千六百両程度、装置・準備費・管理費・舟の建造費等を考慮すれば、この倍三千両～五千両が投資額となるのだが。

石工賃金の例

種別	上	中	下	飯料
徳川禁令考 明暦三（一六五七）	銀三・〇匁			含む
八戸藩史料 正徳四（一七一四）	六十八文	五十四文	四十文	含む
加賀藩史料 万治二（一六五九）	一・二匁	一・一匁	一・〇匁	無

（遠藤元男著『近世職人の世界』より）

註一　徳川禁令考の数字は明暦の江戸大火のため労賃高騰し、慶長十一年当時の数字は不明である。米相場から推定すれば、この五割～六割となる。ただし米相場以上に労賃は高騰していた可能性はある。

註二　鯖江市史による大工手間は、慶長十一（一六〇六）年で一・〇匁、織田町史による寛永元（一六二四）年の数字は一・三匁となる（『改訂版近世賃金物価史史料』より）。

註三　人足賃金は資料により様々である。元禄期で四十～六十文（『改訂版近世賃金物価史史料』より）。

角倉家の運上収入

慶長十一（一六〇六）年八月、工事は一区切りがついた。大堰川舟運の始まりである。大堰川上流の村々からは、積替え地の保津浜まで荷が運ばれた。積み替えられた荷は保津の急流を嵯峨まで下り、そこからは陸運や舟により消費地である京の都に運ばれた。

上流の村々には角倉家の手で造られ、角倉家の所有となる舟が舟持に委ねられた。ただし前に述べたように、保津川の急流を下る舟は、保津・山本両村の所有であった。これらの舟の修理も角倉家で行われた。嵯峨から下流の舟は角倉家が直接保有していた。

舟持は水主《かこ》を雇い、船賃（舟功賃米）の中から水主米を受け取り、そのうちの一部を自らの収入とした。舟持は長百姓クラス、水主は小百姓クラスで、筏問屋と指子の関係に似ているといわれる（『新修亀岡市史本文編』）。

村々の舟の数は資料により異なるが、『丹波志』によれば、上流の殿田から鳥羽の村々では三艘から六艘、宇津根では二艘、保津峡入口の保津・山本では合わせて二十五艘の舟を所有していたといわれる。

『京都御役所向大概覚書』には舟の寸法が示されているが、流れの比較的緩い上流に比べ、保津川の急流を下る舟は長さ・幅ともやや小さく、側高は高く造られている。上流からの船荷は、宇津根浜で抜荷などの確認をされた後、荷は保津浜ですべて積み替えられ保津川の急流を下ることになる。上流からの船はその日のうちに帰り、やや遠い殿田・中村からの舟は八木村で一泊したという（三六頁図参照）。これらの舟の積載石数と荷の種類が『丹波志』に残されている。これから大堰川を下る積荷の量を推定することができる。主要な荷である米については同じ資料に次のような記述がある。

船漕米
六百石仙洞女院御米、三千四百七十石御代官所、二千五百七十石亀山米、二千石篠山米、六百石杉浦家領米、七百五十石御旗本諸領米、三千八百石商人米、凡壱万五千五百石、但年ニ因テ等カラス

これらは主に宇津根から舟積みされたようだが、仙洞御料米や幕府代官所の米は二条御蔵に運ばれ、その他は売米として市場に出た。

殿田や中村からは薪が、上河内や鳥羽からは穀物が主な荷といわれる。

次に運賃であるが、慶長十一（一六〇六）年正月、大堰川の工事が幕府から許可された時の角倉与一（素庵）宛ての『大久保長安・本多正純連署書状』には、「運賃なとの儀も能程ニ被相定尤候」とある。つまり運賃収入などは、角倉家の裁量に任されたようである。

運賃（船功賃米）は距離により異なり、一石当たり、ほぼ一里につき一升程度に定められた。つまり米を基準に決められたわけである。『丹波志』や『桑下漫録』に船着場からの運賃が掲載されている。運賃はさらに角倉家への運上と舟持や水主の収入になるものに分かれている。

例えば殿田から嵯峨までは八里あり、運賃は八升、角倉家に対する運上は三升四合であり、その他は水主などの収入となる。ただし保津川の場合は急流のため、この数字は三里で三升半と高めになっている。

運上とは運送上納の略で江戸時代には雑税のひとつとなったが、保津川の場合角倉家の収入となる部分であった。

ただし、これらの数字の根拠となる『丹波志』は寛政六（一七九四）年刊行され、『京都御役所向大概覚書』は正徳から享保年間（一七一一〜一七三六）に、『桑下漫録』は天保期に編纂されたものである。したがっていつ頃からこのような運用がされたか不明ではあるが、舟運開始後からされたとして、それらの資料から角倉家の年間収入を推察してみよう。

まず各地の船着場の舟数と積載石数から大堰川を下る荷動きがおよそ把握できる。

保津・山本両村には合わせて二十五艘の舟があった。そして急流を下るため上流からの荷は、ここですべて積み替えられる。積石数は一艘当たり十二〜十三石、したがってほぼ一杯に積めば一日三百石程度の積載能力がある。

これより上流の村々では流れも緩やかなため積石数も多く、例えば殿田では四艘の舟を有し、それぞれ積石数は十八石となっている。上流の村々の舟数と積石数から、一日に保津浜で積み替えられる舟荷の最大石数が類推できる（ただし、日帰りのできない殿田、中村の舟は〇・五掛けとする）。これによれば、一日四百石程度の荷動きとなる。

だが上流からの荷はすべて保津・山本両村で積み替えられることを考えれば、大堰川を下る舟荷としては一日最大三百石程度が動いていたことになる。

一日三百石程度の荷動きを前提にすれば、各地の船着場からの角倉家に対する運上の数字が出ているので、一日の運上収入を計算することができる。

嵐山の旧角倉家

一方、嵯峨から下流では角倉家で舟や水主を保有し荷を運んでいたが、ここでは一艘当たりの運上の資料がある。しかし、嵯峨では舟は直接角倉家の管理となっているので、ここから船頭等に支払うものもある。

以上の前提により、稼働率（天候など）や運上率（運上の徴収率）などを加味すれば、一日当たりの角倉家の運上収入は七～八石程度となる。

大堰川舟運は、筏下りと同じく、農業に支障のない旧暦八月十五日から翌年四月八日までであった。天候によっては運行できない日もあるので実働は二百日ぐらいであろうか。

大阪相場を取り扱った『日本米価変動史』によれば、米一石当たり米価は、慶長十一年～二十年の平均で銀十八匁、一両を銀五十匁で計算すれば、年五百四十両程度、補償費用や管理費用を除けば、四百～四百五十両程度の収入か。投資の償却期間を七年～十年と想定すれば、三千両～四千五百両程度の工事費が想定される（舟の建造費を含む）。

以上、労務費からと運上収入から工事費を推定してみたのだが、いずれも三千両～五千両程度の数字が想定されることとなった。

幕府への上納金であるが、『京都御役所向大概覚書』の「嵯峨川高瀬船之事」によれば、角倉甚平は元禄三（一六九〇）年から毎年銀二十枚を大阪金蔵に上納したといわれる。また「賀茂川高瀬舩、但京ゟ伏見迄之事」によれば、高瀬川の場合は同じく元禄三年より幕府へ上納し、銀二百枚、保津川の十倍となっている。この背景をどう見るかは定かでない。これ以前の話は不明だが、開発費用を考慮し幕府も上納金を強いることはなかったのではないかと思われる。

角倉家では素庵の長男玄紀《はるのり》が事業を引き継ぐことになるが、寛永四（一六二七）年、次男厳昭《かねあき》が分家した際、嵯峨の邸宅が与えられ、大堰川舟運については厳昭に任せられた。玄紀は京角倉としての役目を担うことになる。

保津川通船工事は、急流に挑戦する工事ではあるが、すでに筏下りの水路が出来ていることは幸いした。もちろん舟と筏では扱いも違うのだが、大規模な岩礁工事は避けられたのではないかと思われる。前に述べたように、むしろ綱道を造る工事に多くの手が必要となったのではないだろうか。これも推測ではあるが。

通船工事は舟運のみならず、急流を命がけで下る筏師にとっても大きな福音となったのである。大堰川を下る筏の数はその後大きく増加している。そして角倉了以の世界は、富士川へ、そして京の高瀬川へ広がることになる。

船着場と船数

船着場	殿田	中	上河内	鳥羽	広瀬	川関	宇津根	保津	山本	嵯峨
『丹波志』（寛政期）	四艘	三	四	六	—	—	二	十五	十	—

「嵯峨川高瀬船通行之儀明細書」（文化～天保期）	十三艘	五	四	六	—	〇	二	十四	十	十二
『桑下漫録』（天保期）	九艘	六	五	五	二	—	二	十四	十	—

註『新修亀岡市史本文編』（第二巻）より。

船功賃米（嵯峨より上流）

出発地	到着地	距離	運賃（米一石に付）	運賃の内訳	
				角倉家への運上分	水主米
殿田	保津ノ浜（嵯峨）	里 五（八）	升合 四・五（八・〇）	升合勺 二・〇（三・四）	升合勺 二・五（四・六）
上河内	〃	四（七）	三・五（七・〇）	一・七（三・六）	一・八（三・四）
鳥羽	〃	三（六）	二・五（六・〇）	一・五（三・四）	一・〇（二・六）
広瀬	保津ノ浜	三（六）	二・五（六・〇）	一・五	一
川関	保津ノ浜	二（五）	一・五（五・〇）	〇・七九	〇・七一
宇津根	保津ノ浜（嵯峨）	一（四）	〇・五（四・三）	〇・二八（二・四）	〇・二二（一・九）
保津	嵯峨（嵯峨）	三（三）	三・五（三・五）	一・八三（一・九）	一・六七（一・六）
山本	嵯峨	三	三・五	一・八三	一・六七

註『桑下漫録』より作成。ただし（　）内は『丹波志』より。

船功賃米（嵯峨より下流）

船着場	出発地	角倉への運上（一艘につき）
嵯峨	下鳥羽	二斗四升
嵯峨	淀	二斗八升

註『京都御役所向大概覚書』による。下り登りとも同じ。

第六章　富士川

甲府市
釜無川
笛吹川
青柳河岸
鰍沢河岸
禹ノ瀬
黒沢河岸
天神ヶ滝
早川
屏風岩
富士山
富
士
川
身延山
富士宮市
釜口峡
富士市
岩淵河岸
駿河湾

富士川周辺図

日本三急流

富士川は富士の山を源流とはしない。もちろん富士山から流れてくる川筋はあるのだが、本流の水源は南アルプス鋸岳である。笛吹川と合流するまでは釜無川という名称で甲府盆地を流下し、合流後は富士川と名を改め駿河湾へと抜ける急流となる。

日本人はいつの頃からか富士川を、最上川・球磨川とともに「日本三急流」の一つに数えるようになった。

川は恵みをもたらすと同時に、ある時は自然の猛威を見せつける。

私は勤めて間もない頃、東海道を名古屋方面から東京まで車で帰ったことがある。その時台風に遭遇し、由井・蒲原付近が通行不能となった。やむを得ず富士川沿いの道を山梨に向かうことにした。今考えれば無謀なことだが、案の定、途中で進むことができなくなった。道沿いの擁壁には亀裂が入り、そこから水が噴出していた。そして道の直ぐ下には富士川が流れていた。普段は遥か下の川砂利の上で透明な流れを見せる富士川が、激しい濁流となっていた。さらに、そこは屈曲部であるため一面は湖のようになり、足元まで水が押し寄せていた。その時初めて「ゴー」という恐ろしい川の唸り声を聞いた。何とか東京まで戻れたが、自然の猛威のすさまじさを肌で感じることとなった。

日本三急流の富士川は、このような時ばかりでなく、普段でも激しい流れとなるところが多い。

糸魚川静岡構造線は、糸魚川から諏訪湖・甲府盆地の西を通り安倍川に至る、日本を東西に分ける大断層線である。フォッサマグナは、この糸魚川静岡構造線を西端とする地溝帯をいう。今から約七百万年前、フォッサマグナに沿った地域では赤石山脈など、山脈のほとんどが隆起したといわれる。しかし甲府盆地と富士川流域は入り海として残った。その後富士山の火山活動などにより、甲府盆地には大量の破砕物が堆積したため甲府湖は縮小し、水は富士川に流れ流路が形成されたという。

周辺の複雑な地形・地質は富士川の流れにも大きな影響を与え、いくつもの難所を出現させた。急流の流れに生じたこの難所は船の利用を難しくした。

慶長年間になって、角倉了以の力によりこの激しい急流にも舟運が実現することとなる。

身延山から見た富士川

駿府の家康

関ヶ原の戦いに勝利した家康であったが、しばらくは忍耐の日々を過ごした。慶長十（一六〇五）年、家康は将軍職を秀忠に譲り、慶長十一（一六〇六）年、駿府を隠居地と定め翌年移った。

駿府は、家康が八歳から十九歳までを今川氏の人質として過ごしたところである。慶長十一年といえば、了以が保津川通船工事に成功した年でもある。

徳川政権は江戸と駿府の二元政治となったが、家康は秀忠の実直な性格を見抜いていた。したがって関白秀次の二の舞となる恐れはなかった。江戸に制度上の将軍職が存在しつつも、家康は依然として天下の実力者であった。そして駿府は、少年時代の思い出の地であると同時に、秀忠の江戸城と豊臣秀頼の大坂城、双方に目配りのできる地でもあった。

さらに北に目を向ければ甲斐の国がある。富士川の上流甲斐の国には、武田氏滅亡後、秀吉は家康に備え、羽柴秀勝・加藤光泰・浅野長政などの豊臣系大名を置いた。関ヶ原の勝利後、家康は信任厚い平山親吉を甲府城に配した。その後、家康の第九子義直の領地となり、慶長十二（一六〇七）年、義直が尾張に移された後しばらくして、元和二（一六一六）年、家光の弟徳川忠長が入った。駿河・遠江・甲斐三ヶ国五十五万石の大大名であり、駿河大納言と呼ばれた忠長は、後に領地を没収され高崎において命を絶つことになる。

この後は、家光の第二子綱重が慶安四（一六五一）年より甲府藩主となり、さらに綱豊がその後を継いでいる。また、幕府の実力者柳沢吉保も宝永元（一七〇四）年から甲府城を預かっている。

このように甲斐の国は、徳川一門あるいは徳川将軍の側近が城主となるか、もしくは天領となっていたことで、幕府がいかにこの国を重要視したかがわかる。江戸への備えである甲斐は、徳川幕府にとっても家康にとっても枢要の地であった。

甲斐の国から駿河への確実で速い物資の輸送は、経済基盤を固め天下統一を目指す家康にとって大きな課題であった。そして慶長十一年、家康は了以に富士川の工事を命じるのである。

それまで、駿河と甲斐を結ぶ街道としては、甲斐から見た駿州往還、駿河から見た甲州往還と呼ばれるものがあった。これにはいくつかのルートがあるが、身延から下流は富士川西岸に沿って進み現在の南部町で興津に行くルートと岩淵（現在の富士市）に行くルートに分かれる。これらの道は場所により、身延路や富士川街道とも呼ばれる。

現在でも富士川沿いのＪＲ身延線は、大雨の時は不通になることが多い。当時のこれらの街道は、東海道や甲州街道などの主要道と異なり通行にはかなり難儀をした。

大久保長安や本多正純あるいは宗恂から、保津川の工事で成功した了以の話を聞いた家康が期待するものは大きかったに違いない。そして実現には、駿河と甲府の結びつきを重要視する幕府内部、特に両地をよく知る大久保長安の働きかけがあった。

そして期待通り富士川は、その後、甲駿両国の人や物資の流れに多大な貢献をするのである。

江戸初期、幕藩体制と石高制は米の大量輸送を必要とした。従来の馬を中心とした陸上輸送に比べ、速く大量の物資を運べる河川輸送は、北上川、最上川、利根川など全国で注目された。富士川でも甲州鰍沢から駿河岩淵まで陸上では三日かかっていたが、下り舟は半日で着いた。

了以は早くから河川の活用には注目していた。そして了以の事業は江戸初期の流通革命に大きく貢献することになるのである。

難所

『東海道中膝栗毛』で知られる十返舎一九は駿府に生まれた。その後江戸に出て大坂での生活を経て江戸に戻り、享和二（一八〇二）年に出した『浮世道中膝栗毛』が大評判となった。その後二十一年間、続編も次々に出され一躍流行作家となった。その一九が書いた『甲州道中記』がある。この道中記には、恐ろしさに震えながら富士川を下った様子が生々しく書かれている。

（前略）今や舟くつがえるかとおもひしことたびたびありて、衣類、荷物などをぬらし、一心に神仏をねんじゆくうちに、途中に舟をあらたむる御番所ありて、旅人の国、所、姓名をかきしるす。これは、この川にて水死する者、おりふしあるゆへ、さようのことあるときのためにしるしおくといへり。いかさま乗合一人もたすからざるときは、何処《いづく》の者とも知れず。さあるときのために、国、所をとめおけば、この川にてあいはてし人、無縁にはならずと、船頭打ちわらひつゝかたりたり。かくて富士橋の下、釜が淵という所は、まことに目をあきて見られず、恐ろしき難所なり（後略）

これは難所の一つである釜口峡の様子だが、まさに命がけの川下りであった。

また身延町にある久遠寺は、日蓮宗の総本山である。このため身延参詣に富士川を利用する人も多かった。『松亭身延紀行』では富士川下りのうちでも天神ヶ滝の難所の恐ろしさを記している。

そこに逆まく水が当たり砕《くだ》け散ること大雨のごとし、また川の中に大石多くして漲《みなぎ》る水これに支えられ迸《ほとばし》ること丈餘、をりをり船中にうち入る、かの天神の窟といふは、この甚だしきにて川中の大石隙間

——なし、因て船頭船を操り篙《さお》を突立てその間を潜る、ここに至っては、船中ただ死を去ること一寸のみ——（後略）

そして、俳人・霞江庵翠風の『甲州道中記』には、たかが川と馬鹿にした伊豆の元船頭が恐怖に震えている様子が記されており、思わず苦笑してしまう。いずれも了以が工事を手掛けてからかなり後の話だが、それでもまだこの有様である。

富士川には多くの難所がある。そのなかでも難所中の難所といわれるのが、一九の『甲州道中記』にある釜口峡、『松亭身延紀行』にある天神ヶ滝そして早川との合流点にある屛風岩である。

釜口峡は、釜が煮えたぎるような状況から名づけられたようだが、絞り込まれた流れから「銚子の口」とも呼ばれる。いずれの表現も船頭達がいかに苦労したかが偲ばれ、極めて興味深い。静岡の芝川町にあるこの場所は、富士川のなかで唯一の中ノ島である。瀬戸島が川筋を二分している。さらに流れ込む支流は今でも川下りを躊躇させる。

冬の廻米の時期になると、舟が狭い釜口峡に押すな押すなの状態となった。現地の水難碑は、水死がこの時期最も多いことを伝えている。

屛風岩は、富士川最大の支流早川の本流への合流点にある。このような地点では絶壁に沿って流れは速くなる。そして渦ができる。渦に巻き込まれた舟は操船を誤ると絶壁に叩きつけられる。ここでは水難者供養の線香が常に吊るされていたという。

前に述べたが甲府盆地はかつて湖であったといわれる。その水が出口を求めて流れ出たのが富士川である。今では湖は消え、甲府盆地には笛吹川と釜無川が流れているが、鰍沢の下流で川筋は絞られ

釜口峡

「水行難船場有形図絵」（富士川町教育委員会所蔵）
図の中央は中州といわれる。その上が岩の多い難所

る。この場所は「禹の瀬」と呼ばれる。古代中国の伝説上の聖王である禹は治水から、川筋の絞られた形からは鳥の鵜を想像させるこの名前は、実に言い得て妙である。

この禹の瀬の下流にもう一つの難所である天神ヶ滝がある。富士川がほぼ直角に流れを変えるこの場所でも多くの人命が失われた。了以の工事からかなり後に描かれた絵がある。中央の楕円形の部分は中州であるといわれる。その上部の淵には人食い岩と呼ばれる岩が隠れている。これにぶつかれば、舟は粉々になる。今ではその面影はないが滝という名の通り、落差のある流れでもあったに違いない。

通船工事

了以が初めて富士川を見た時、どのように感じたのだろうか。静かな流れかそれとも荒れ狂う富士川に出会ったかは定かでない。その時すでに多くの難所の話は当然聞き及んでいた。この急流に挑戦することは、いかに了以とはいえ、多くの困難を伴うことは想像に難くない。場合によっては命を投げ出さなければならないような危険もある。それでも了以は挑んだ。大久保長安を通じての家康のたっての願望もあるであろう。しかしそれより、より困難な領域に挑み、それを成し遂げることに無上の喜びを感じていたのではないか。舟運による収入を目的としたとの説もあるが、そのような安易な考え方で臨めるような事業ではなかった。

少年時代、甲斐の国で過ごした大久保長安は、家康の懐刀といわれ、土木事業にもその才を十分に振るった。了以の大事業、保津川通船工事にも長安の文書が残されている。長安は、家康の本拠地となった駿府と、自らの思い出の地である甲斐の国の舟運には一方ならぬ思い入れがあったに違いない。そして慶長十二（一六〇七）年から甲府城代主席となった長安は、保津川工事の成功を見て、了以と素庵の角倉父子による富士川舟運の実現にかけた。そして保津川での成功に自信を深めた了以は、事業家としての自らの夢を富士川でも実現させた。

富士川通船工事の始まりには諸説ある。これらをすべて紹介することはできないが、そのなかでも比較的信憑性の高いのが、了以の工事になる慶長十二年説である。この年は、大悲閣にある了以の功績を称えた碑や大久保長安の『覚書』にも記されている。了以碑銘によれば同年春着工とある。つまり保津川通船工事の翌年には富士川の工事に着手しているわけである。

さらに慶長十二年六月には家康から天竜川の工事を命じられている。しかし、激流天竜川に舟を通わすことは無理で、さすがに了以もあきらめなければならなかった。

富士川に舟が通じた時期についても諸説あるが、難工事ゆえ短期間で可能であるとは思えない。したがって慶長十二年や十三年説があるが、舟運ができたとしても、部分的な開通であろう。

『甲斐国志山川部』は「市川大門村円立寺ノ鎮守天神画像ノ裏書ニ慶長十七年正月廿五日京師角倉勝左衛門富士川通船ヲ始ムルノ砌祈願之天神トアリ」との記述を引用している。

これは富士川の舟運の安全を祈願したものである。これを参考とすれば、最終的に角倉了以の工事が終了したのは慶長十七（一六一二）年となる。つまり甲斐の国の舟運の基地である鰍沢・黒澤・青柳の三河岸から駿河の海への出口である岩淵までの舟による通行が可能となったのは慶長十七年正月のこととなる。富士川の激しさから見れば、この程度の工期は最低でも必要であろうと思われる。

その後慶長十九（一六一四）年、水害により再度水路の改修が必要となり、了以は病のため子の玄《はる》之《ゆき》（素庵）が実施した（三月〜七月）。

ところで慶長十七年に了以による富士川舟運が実現したが、その時の工事の状況は判然としない。保津川の工事が終了したばかりで、さらに高瀬川の大工事が控えている了以としては、いかに資力があろうとも多額の工事費を投入できたとは考えにくい。しかしその一方では、少なくとも了以により富士川の急流における舟運が可能となったという事実もある。それなりの費用を投じなければ、舟運水路を開発できるものではないことも十分考えられる。

『甲斐国志山川部』には「旅客商人の船賃等ハ皆角倉氏ノ所定」とあるが、どの程度の運賃収入が生じたか、資料はない。しかし慣れぬ地元の船頭の技量や難所の工事を考えると、当初は大きな収入があったとは考えにくい。流通業として成立していくのはずっと後のことと思われる。そのような状況にありながら、難工事を手掛けた了以にとって、富士川は、やはり単に富のみを目的とした事業の対象ではなかった。

舟運開始後、富士川では舟の難破事故が数多く発生した。特に前に述べた三つの難所は、舟運において命がけの場所であった。了以による通船工事後、地元の人々により改修工事が繰り返された。それは明治期になっても続いた。

富士川で使われた高瀬舟は、長さ七間〜七間半、幅五尺四寸〜七尺、深さ二尺四寸〜三尺となっている。保津川の高瀬舟の幅四尺九寸、深さ二尺と比べると幅が広く、深さも深くなっている。富士の激流ゆえの寸法と思われる。

曳船の図（富士川町教育委員会所蔵）

富士川天神瀧難船除大石運搬図（文化十四年）
（富士川町教育委員会所蔵「水行直仕形図会」より）

舟の材料には裂けにくい性質の樅《もみ》材が使用され、船底は平らで船首と船尾はやや高くなっている。全体に薄い板で造られており、それが別名笹舟の由来でもある。これは、衝撃を受ける時、頑丈に造られているとかえって破損しやすいための知恵である。『富士川治水沿革誌案』（内務省土木局）には「堅牢ナレバ却ッテ破壊シ安シ。依テ豫メ薄板ヲ以ッテ之ヲ造ル」とある。

角倉了以は備前岡山から船頭を呼び寄せ、現地の人間に乗り方を教えたとある（『甲斐国志山川部』）。初めは覚束なかった現地の操船技術も次第に熟練さを増していった。船頭を務めることは、村の人々にとっても重要な収入源となっていった。

船頭は四人で、舳先《へさき》で竿を操るもの、艫《とも》で舵をとるもの、舟の左右で櫂を扱うものがいた。上り舟の場合は一人が押上竿で舟を押し、残り三人が舟を引いた。船頭はアシナカ（足半）と呼ぶ、踵《かかと》部分のない草履をはいていた。力を込めて曳くにはこれがよいとのことである。

両側に絶壁のそそり立つ場ではどのように曳いたのであろうか。このような場所では綱を持ち山道を登って上流に出て、そこから綱に木をくくりつけたものを流す。これを舟は拾い上げる。流し岩のような表現が見られる釜口峡はまさにこのような難所であった。

富士川舟運の開始により、それまで馬で三日かかった甲斐鰍沢から駿河岩淵までの行程は、下り舟で半日に短縮された。上り舟は四日程度かかったようだが、甲斐と駿河の心理的な距離は以前に比べ遥かに短くなった。

暴れ川である富士川では、了以父子の工事後も難所の工事が続けられた。特に文化十三～十四（一八一六～一八一七）年にかけての天神ヶ滝の工事は大掛かりなものであった。施工は「近くの谷沢の大石を運んで人喰岩を埋没、使用した石は大は二間半四方、小は三四尺四方でその数四十五個、石積の長さは二拾八間」（『鰍沢町誌』）と書かれている。了以の時代から二世紀を隔てても工事の状況はあまり変わらなかったようである。「富士川天神瀧難船除大石運搬図」はその様子を表したもので土木関係資料でも貴重なものとされている。

三河岸

富士川舟運の開始とともに流通機能を担ったのが、甲州三河岸と呼ばれた鰍沢・青柳・黒沢と駿河岩淵である。寛政九（一七九七）年の三河岸持船書上帳では、鰍沢百一艘、黒沢百四艘、青柳三十二艘、合計二百三十七艘、駿河岩淵河岸でも五、六十艘を保有していたといわれる。これらの舟が「下げ米」、「上げ塩」と呼ばれる米と塩を主とした荷を扱い、甲斐と駿河との間の流通革命を起こしたことになる。

岩淵河岸に川下げされた廻米は年間数万俵にのぼった。舟の数は一日四、五十艘、多い日には百五十艘を超えたとされている。

寛永年間に始められた廻米であるが、甲斐と信濃の廻米は甲州三河岸に集められた。甲斐が享保九（一七二四）年、幕領となると、鰍沢には甲府代官所、黒沢には石和代官所、青柳には市川代官所支配の廻米が集められ、三河岸の舟で駿河に運ばれた。一艘には三十俵程度の荷が積まれた。俵は、二重で作られた他の地方と違い、三重に作られたという。急流の水しぶきに濡れないためである。

駿河岩淵などに送られた廻米は、清水湊から番船と呼ばれる大船で江戸浅草の蔵に運ばれた。

一方、上り舟の主要な荷は塩である。塩の産地は近いところは駿河や伊豆、遠いところは西国から質の良い塩が入った。寛政当時で年間十万俵が甲斐に運ばれたという。この他、身延山への参拝者など旅人も数多く利用したのが富士川舟運の特徴である。

甲州三河岸の運上金は、宝暦年代より始まり、『甲斐国志山川部』によれば三河岸合計で八十四貫四百文だったことが知られている。これは永楽銭であるので、一両は一貫となり八十五両となる。運上（上納）金や舟数から考えると、富士川舟運の最盛期の市場規模は大堰川の数倍にあたると思われる。

この事業が角倉家の富の蓄積にどの程度寄与したかは定かでない。これは前にも述べた。富士川のような激流に挑むことは、並大抵の覚悟ではできない。しかし自己実現を目指した達成感に支えられた了以の心情が、困難な事業を実現に導いたといえる。そして、それがその後の駿河と甲斐に亘る大きな経済圏の実現に結びついた。

富士川舟運により殷賑を極めた甲州三河岸だが、パイパス工事により今はその姿を偲ぶものはない。そして鰍沢の富士川の畔には、寛政九（一七九七）年に建立された了以の業績を刻んだ富士水碑が静かに佇んでいる。

富士水碑

第七章　京高瀬川

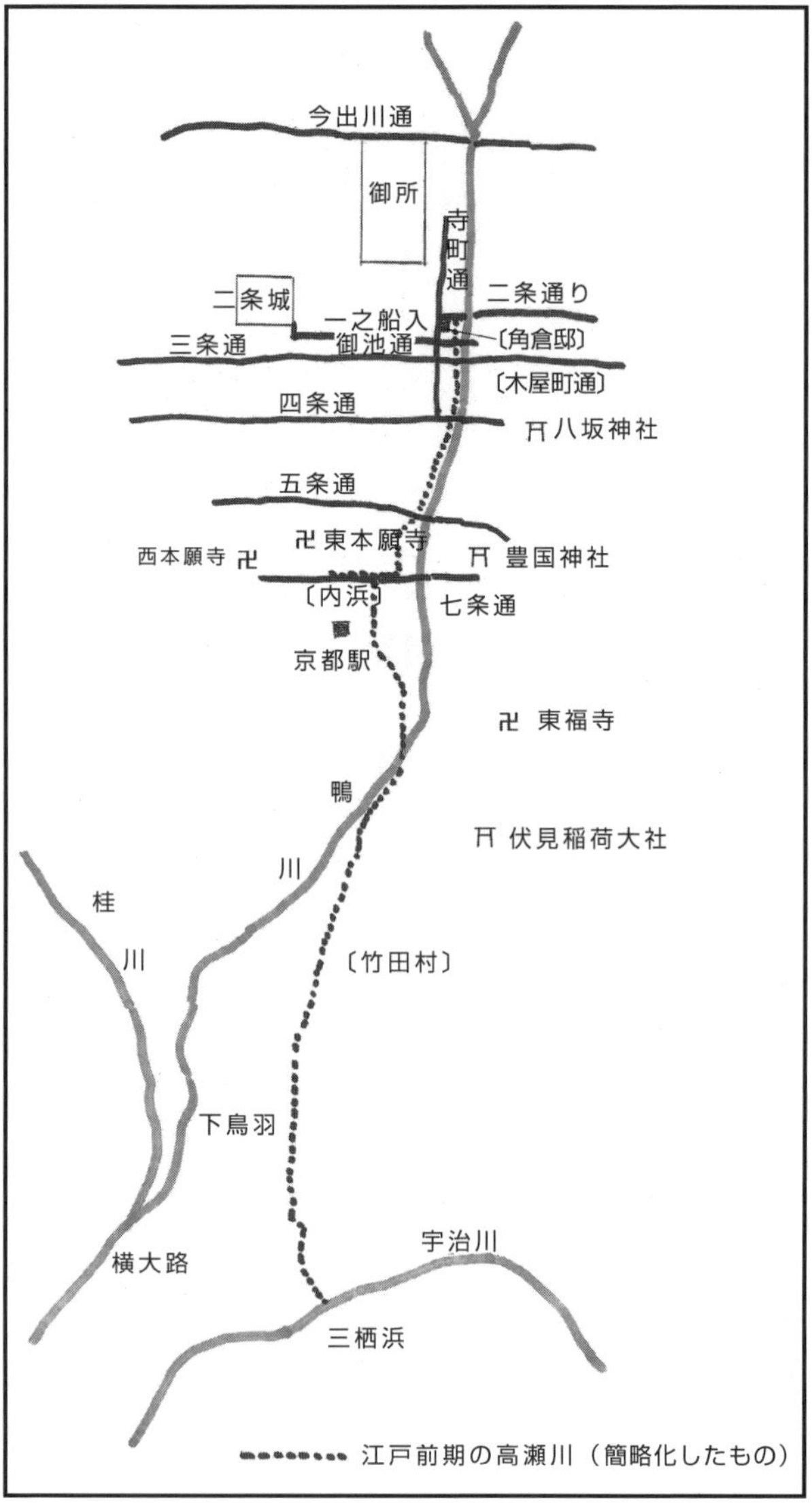

高瀬川流域図

図は現在のもの。〔　〕内は江戸末期のもの

京都角倉屋敷

京都木屋町通の風景は高瀬川がつくる。川幅はさほど広くなく高瀬川の水深は浅い。そのため澱みはほとんどない。川の印象は水の流れもさることながら、川底によって生み出される。高瀬川の流れは浅いため、川底は木屋町通からもよく見え底の濁りもない。そして建物に遮られた日の光が、ときおりその隙間から水面に反射する。この流れで高瀬舟が物資を運び、この流れによって京の町は大きく変貌していった。

東京が震災と世界大戦により、その姿を変えたのに対し、京都の街を変えたのは、応仁の乱や信長・秀吉などの戦国武将であった。それは京都盆地という画布に油絵の具を剥がしたり、塗りたくったりしたものだった。それに対して高瀬川は一種の清々しさのある京都の風景をつくり上げた。

木屋町通は高瀬川によりその東岸に生み出された。通り名は当初「樵木町《こりきまち》」と称された。高瀬川開通に伴い、材木や薪炭を商う店が立ち並んでいたことから付けられたという。宝暦十二（一七六二）年の『京都鑑』には、「木屋町通、北二条通より南五条迄」と記されている。木屋町通周辺には、幕末の京を思い浮かべる遺跡も多い。木屋町通の始点に近い御池通際には長州藩が広大な屋敷を構えていた。現在の京都ホテルの敷地である。この長州藩邸の北に京都角倉屋敷はあった。

東に高瀬川、西に河原町通、南に御池通の通る長州屋敷や角倉屋敷の一帯は、寛文末期洛中洛外大図では「角倉町」、元禄末期洛中絵図では「一之船入町」とし、以降変化はないとされている（『日本

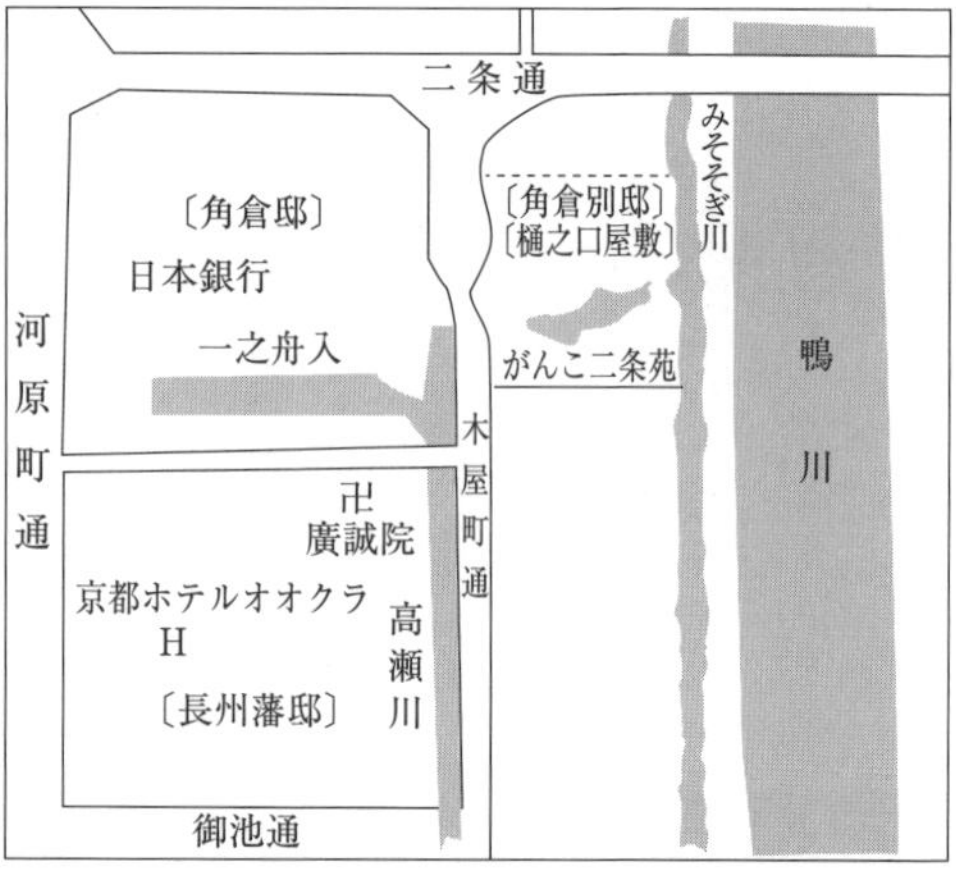

木屋町通始点の角倉屋敷

地図は現在のもの。〔　〕内は江戸末期のもの

みそそぎ川

右が旧角倉別邸、高瀬川はここから水を取り入れている

歴史地名大系二十七巻京都市の地名』)。この地には史蹟となっている高瀬川一之舟入が、復元された高瀬舟とともに現在でも残されており、高瀬川はここから始まる。舟入とは高瀬川沿いに掘られた舟の停泊所である。ここで荷を下ろしたり、舟の方向転換をした。

一之舟入から木屋町通を挟んだ敷地には角倉別邸がある。これは別名樋乃口屋敷とも呼ばれる。この名の通り、高瀬川の水を鴨川から引くための取り入れ口がある。この別邸跡はその後、山縣有朋の別邸「第二無鄰菴《むりんあん》」となり、川田日銀総裁の別邸や阿部市太郎の所有を経て、現在は寿司苑「がんこ二条苑」として、小川治兵衛の作になる庭園も公開されている。

この地の高瀬川は、鴨川よりかなり上を流れている。そのため鴨川上流より分離して水路を造り、高瀬川の取り入れ口まで水を運んで入る。この水路はみそそぎ川と名づけられている。

高瀬川の開通当時、鴨川の水は樋之口屋敷の場所で直接取り入れられていた。鴨川は名にし負う暴れ川として古くから知られる。特に昭和十（一九三五）年の大洪水の後、大規模な河川改修が行われ、物資不足から完成を見たのは戦後になったが、鴨川の川底は数メートル掘り下げられ、この時生まれたのがみそそぎ川といわれる。

なお、一之舟入の南にあった長州藩邸は後に薩摩の伊集院兼常の別邸となった。伊集院は工部省営繕局長などを歴任したのち、五名で建設会社を起こし、日本土木（現大成建設）の初代社長を務めた。

木屋町通には明治になって市電が通り、これも高瀬川沿いのひとつの風情を感じさせた。しかしその市電も今はなく、代わりに自動車が主役となり、歩行者は隅に追いやられている。何処の街にもある風景だが、なぜか高瀬川も、その身が縮むような雰囲気に感じられるのは私だけであろうか。

ところで高瀬川を生み出すひとつのきっかけとなったのが、方広寺の建設と鴨川の利用である。

方広寺と巨木運搬

方広寺といえば、誰しも豊臣家滅亡の因となった「国家安康」の文字を刻んだ梵鐘を思い出す。今でもこの巨大な梵鐘は見ることができるが、大仏殿はすでになく豊国神社が残されている。私が訪れたのは十二月だったことにもよるが、境内は物寂しく人影はまばらであった。

豊臣家と徳川家の葛藤の場であった方広寺の歴史を高瀬川の誕生とともに辿ってみよう。

秀吉が京都に大仏殿の建立を思い立ったのは、天正十四（一五八六）年のことだった。一時計画は中止されたが、天正十六（一五八八）年開始された工事は五月定礎となり、翌年十一月までの間に六万人が徴用されたという。しかし小田原の役などで遅れ、大仏殿がほぼ完成したのは文禄四（一五九五）年であった。しかし慶長元（一五九六）年閏七月、大地震があり漆塗の大仏は大破した。秀吉の意志を継いだ秀頼は、慶長四（一五九九）年、復旧を命じた。金銅製の大仏となったが、慶長七（一六〇二）年、鋳造中の大仏から出火し本堂も消失した。

その後、秀頼は家康の奨めにより、大仏殿の再建を始めた。工事には大工頭中井正清のもとに大工三千人が動員されたという。慶長十七（一六一二）年には大仏の大半が完成し、同十九（一六一四）年には梵鐘も完成したところで、家康は決定した開眼供養を、先に述べた「国家安康」の銘文から中止させた。豊臣家の財力を殺ぐための工事であったといわれるが、後の大坂の陣に繋がり豊臣家は滅んだ。

ところで大規模な大仏殿建立のためには巨木を必要とする。主に西日本の諸国から集められたが、他の資材と異なり巨木は陸上輸送が困難である。

土木学会『明治以前日本土木史』によれば、巨木運搬用具として修羅（木製の大型橇）が紹介されている。これは頑強な枠組みを持ち、丈低く積み下ろしに便利な形で、普通は丸太の上を転がすが、道の良いところでは木輪数個を装定したものもあるようで、東大寺所蔵の木引の図として掲載されている。

また町中では曲がりきれない箇所もある。このようなところでは「鍋島勝茂普請考補」として次のような方法が紹介されている。

「茂安（勝茂家臣）工夫して其曲がり角に穴を深くほり轆轤を以件の木を穴に埋立てひきやるべき方へそろそろと次第に倒し家屋に少も障らず引通す」

巨木の運搬は、まわりで見物人が囃し立て華やかな様子もある一面、やはり大変な労力と時間を必要とするものだった。角倉了以は大仏殿以前、禁裏造営にも携わったようだが、悩みは巨木の運搬だった。そこで了以が目をつけたのが近くを流れる鴨川であった。なんといっても運搬には水路を利用するに限る。ただそこには技術が必要であった。角倉家には河川工事の技術が積み重ねられていた。

当時の鴨川は河川敷が広く、掘り込みや自然の流れを利用して水路を造ることは可能であった。おそらくは保津川で生み出された技術もここで利用されたことであろう。

巨木には運搬のための目途穴というのが、端にあけられていた。筏穴ともいわれ、巨木を引っ張る時や筏を組む時に使用されたという。京都法観寺五重塔の心礎部分は今でも見ることができるというが（森浩一『交錯の日本史』）、目途穴についてはは残念ながらまだ確認していない。おそらく了以はこれを利用して時には轆轤を用い鴨川で巨木を曳き、あるいは舟により物資を運んだことであろう。

鴨川の開削は慶長十五（一六一〇）年に始まり、同年には三条橋まで疎通したようである。『当代記』には京都の町人が喜ぶ様子が記されている。

ただし鴨川は暴れ川である。常に水路として運搬に利用できるわけではない。了以の高瀬川の開削はこの時に考え出された、というのが通常定説となっている。

しかし、京都市歴史資料館によれば、慶長二（一五九七）年に角倉家から紀伊郡東九条村に出された願書がある。後年の写しのようなので、誤写がなければ高瀬川開発に関する最も古い文書である。これによれば、東九条村の用水路を広げ「高瀬開発」をしたいと出願しているようだ。事実とすれば、かなり早い時期から、了以の頭の中には構想が芽生えていたといえる。

高瀬川を生み出した技術

慶長十六（一六一一）年に幕府に申請し、翌年着工、同十九（一六一四）年に伏見までの水路が完成した高瀬川であるが、時代とともにその流路を変えている。その変遷は、石田孝喜著『京都高瀬川』に詳しく書かれている。一一四頁の高瀬川流域図は、説明のため簡略化して初期の状況を表したものである。その流れを簡単に追ってみたい。

二条で鴨川の水を引き込んだ高瀬川は、鴨川に沿って流れる。途中三条小橋周辺には遺跡が多い。

多くの尊王攘夷派の志士が新撰組により暗殺された池田屋や坂本龍馬の潜んでいた寓居跡も近い。そして秀吉により三条河原で処刑された関白秀次の一族を憐れんで、了以が建立した瑞泉寺は橋のすぐ袂である。四条までの間には流れの西側に土佐藩邸があった。二条から五条までは開通時、鴨川の河川敷を流下するにしても、鴨川本流とは別の西側に並行した水路（もとはお土居の外堀であったと思われる）を拡げて、形を整えたといわれる（『京都高瀬川』）。また渇水に備え、四条近くでは渇水の時に水を取り入れ、五条付近では洪水に備え余剰水の排出口が設けられていたという。

高瀬川が鴨川とはっきり分離した形となるのは寛文新堤（後述）建設後である。

江戸中期のものと思われる絵図では、二条で水を直接取り入れ、四条・五条では高瀬川はかなり鴨川に接近している。これは水の取り入れ口と排水口の関係を表しているようだ。ただしこの時の鴨川と高瀬川の高さ関係については不明である。今でも高瀬川の流れは、四条や五条通の近くではやや湾曲して鴨川に近づいている。これはその名残りかも知れない。

お土居とは、秀吉が京都の街全体を包み込むように造った堤である。京都の防壁でもあり、鴨川の洪水から街を守る堤防の役目も果たしたとされている。東は鴨川に沿って造られた。鴨川の河川敷は掘削され濠となり、掘削土は積み上げられ堤の一部となった。この濠が高瀬川の水路としても使われたわけである。

その後、寛文九（一六六九）年に開始され、翌年終了した寛文新堤の工事以後は、お土居も徐々に撤去され、鴨川の川幅も安土桃山時代の約半分となったといわれる（吉越昭久「京都・鴨川の「寛文新堤」建設に伴う防災効果」）。それに伴い、両岸も河川敷から市街地化していった。この時の高瀬川

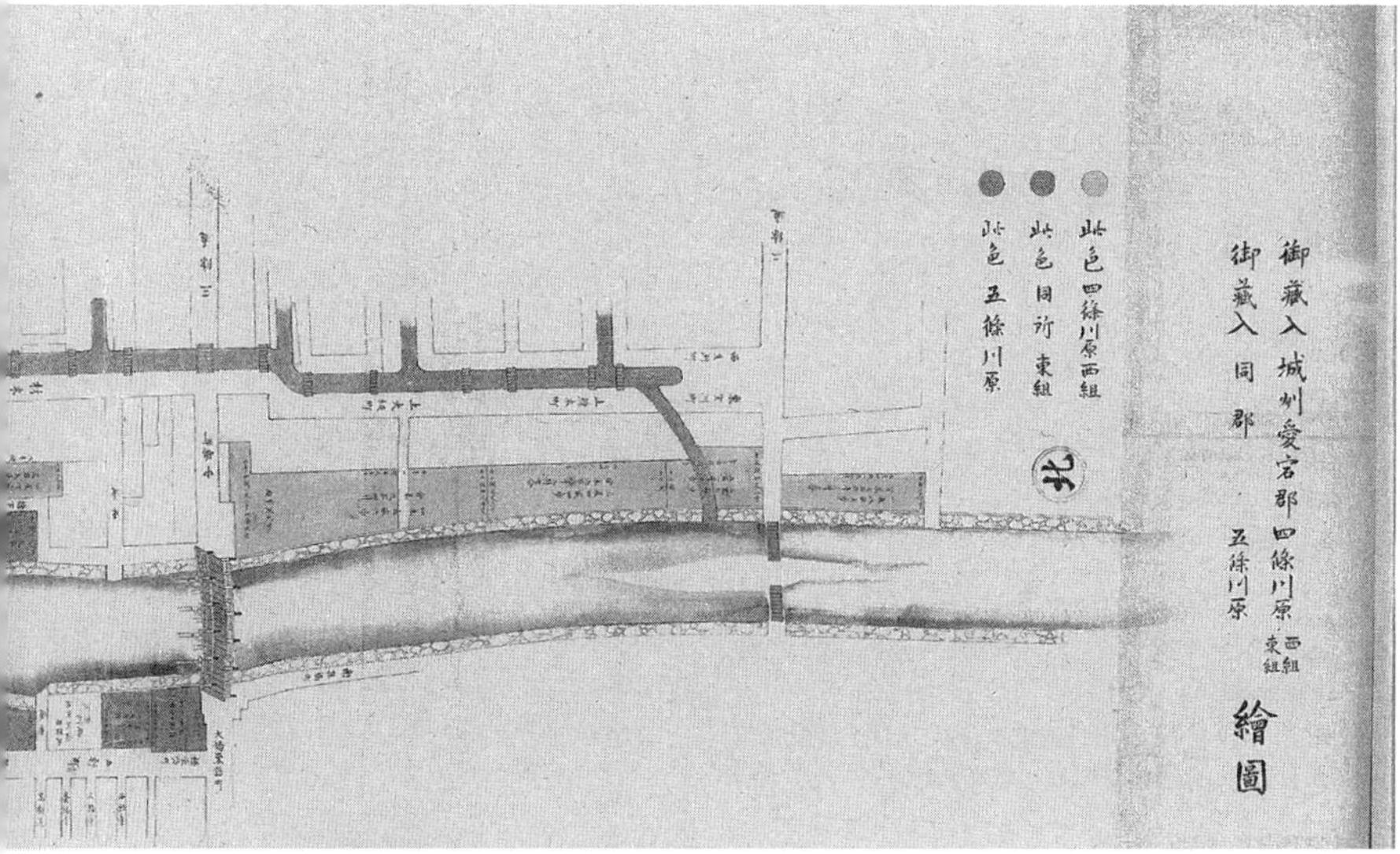

「御蔵入城州愛宕郡四條川原西組東組御蔵入同郡五條川原絵図」
（京都府立総合資料館所蔵）

の流路変更や工事については詳らかではない。

五条から南下した流れは七条、東九条を通り、南松ノ木町で鴨川を横断する。さらに稲荷、竹田の田畑を流れ三栖で宇治川に合流した。全長約十キロメートル、慶長十六（一六一一）年に角倉了以が幕府に申請、翌年起工以来、すべてが完成したのは慶長十九（一六一四）年のことであった。この年、すでに了以はこの世にいなかった。

角倉文書にもあるが高瀬川の川幅は二条・五条間で平均四間であるといわれる。これでは舟が方向転換することはできない。そこで設けられたのが舟入であり、規模の小さなものは舟回しである。角倉文書では二条・五条間で舟入は大小九ヶ所、舟回しは二ヶ所とされているが、時代とともにこれも数や形を変えている。この詳細は『京都高瀬川』に詳しい。

舟入は高瀬川に対して長方形の短辺方向が入

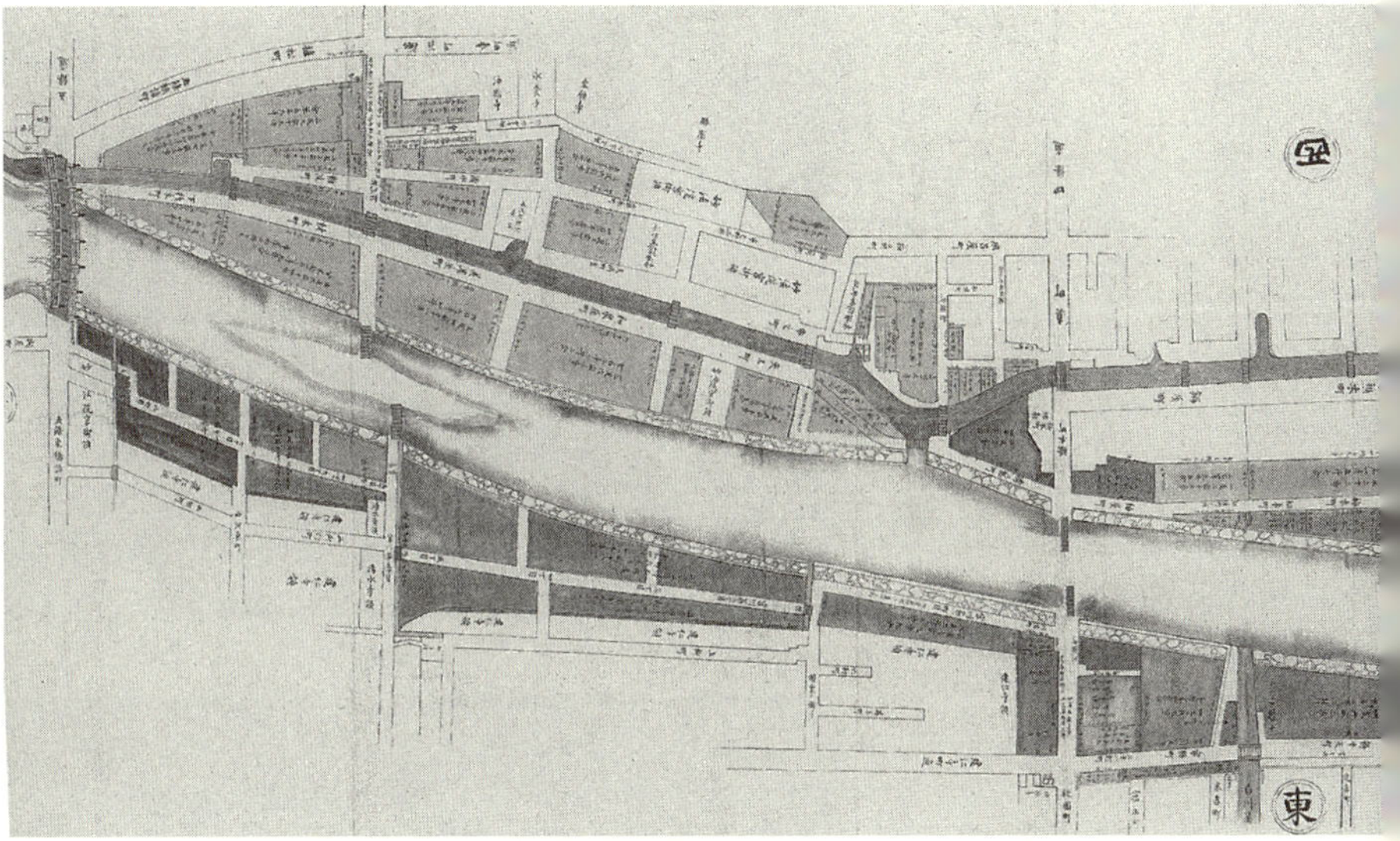

高瀬川流域図
中央太い流れが鴨川、西側に流れているのが高瀬川で二条から取水。
鴨川に接近している部分は四条及び五条

り口となり、東西道路に対応するようにつけられた。現在残っている一之舟入は幅十〜十二メートル、長さは九十メートル程度である。他の舟入はこれより規模の小さいものだが、いずれも舟の出入りに便利なように高瀬川に対してやや湾曲した出入り口の形としている。舟入の周辺には商家や船宿が張り付き、京の発展に寄与したといわれる。

　七条通の北側にあった内浜は舟入の中でも大規模なものである。市内では一番南で、貯木場の役目も果たした。慶安元（一六四八）年、東本願寺別邸（枳殻邸）建設のため、御土居の付け替えとともに始められた。幅七メートル、長さ二百七十メートルの水面を持っていたといわれるが、明治末期には埋め立てられ今はない。

　また水量の少なくなった場合に備え、閘門《こうもん》のようなものを考えたようである。つまり

一之舟入

堰止め石

何ヶ所かに簡単な堰を設け、水量の少ない時はそこに板を渡し、水を堰き止めた。御池通よりやや下流には三つの堰止め石が残されている。両側はコの字、中央はH型をしている。板を嵌め込むためのものである。

ところで今の高瀬川に架かる橋と水面との差はわずかである。このため中央部が高くなった木造の橋が架けられた。舟や綱道はこの下を通るが、重量のあるものは橋を渡れないので川に乗り入れることになる。三条大橋などでも重いものを運ぶ牛車が直接鴨川を渡る絵も残されている。

このような技術の盛り込まれた高瀬川を高瀬舟が運行し、様々な物資を運ぶことになる。

高瀬舟

高瀬とは川の浅い瀬をいい、高瀬舟は船底が平らで舳が高く上がった小型の運搬船を指す。わが国では古代から用いられてきた。大堰川や富士川の舟も同じ型のものである。

高瀬舟
一之舟入に復元されたもの

高瀬舟といえば、誰しも森鴎外を思い浮かべる。鴎外の『高瀬舟』は次のような書き出しで始まる。

「高瀬舟は京都の高瀬川を上下する小舟である。徳川時代に京都の罪人が遠島を渡されると、本人の親類が牢屋敷へ呼び出されて、そこで暇乞をすることを許された。そこから罪人は高瀬舟に載せられて、大阪へ廻されることであった。それを護送するのは、京都町奉行の配下にゐる同心で、此同心は罪人の親類の中で、主立った一人を大阪まで同船させることを許す慣例であった。これは上に通ったことではないが、所謂大目に見るのであった、黙許であった。」

鴎外は、身寄りのない病気の弟が自殺を謀ったが死にきれず、頼まれてやむを得ず殺した兄喜助と、高瀬舟の中で話を聞くことになった同心羽田庄兵衛を微妙に絡ませている。

自身でも『高瀬舟縁起』で述べているが、神沢杜口の『翁草』に題材があり、人の欲とユウタナジイ（安楽死）を扱った作品であり、いまだに多くの人に読み継がれている。

高瀬舟はこの小説で世に知られるようになったが、舟運としての高瀬舟はどのようなものだったのだろうか。

一之舟入前に復元された長さ十一・四メートル、幅二メートルの高瀬舟は米俵や酒樽を積んでいる。上り舟はこのような食料品や雑貨の他、地名の由来ともなった材木や薪炭を伏見から京都市内へ運んだ。舟数は、寛文九（一六六九）年〜天和元（一六八一）年の間は百六十艘（伏見奉行の定め）、宝永五（一七〇五）年の『京都御役所向大概覚書』には百八十八艘となっているが、状況により多少変化していたようである。

淀川を遡ってきた舟の荷を夜に積み替えた高瀬舟は、伏見の三栖浜から夜明けとともに上流を目指し出発する。積荷は通常十五石、ただし水量の少ない時期には積載量は少なく、また下り舟も半分ぐらいとなったといわれる。石田孝喜氏は古老の話として、舟曳きの状況を次のように伝えている。

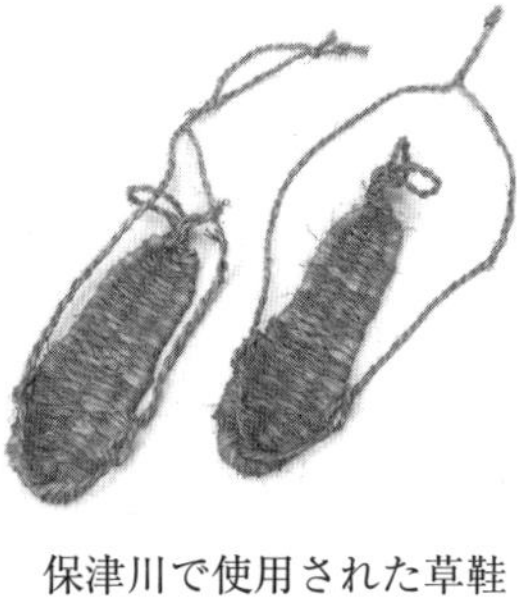

保津川で使用された草鞋

（『保津川下りの今昔物語』より。撮影：出水伯明）

内足側の踵半分を底からはみ出して縛る。この方が踏ん張りが効いて岩場でも歩きやすいという。

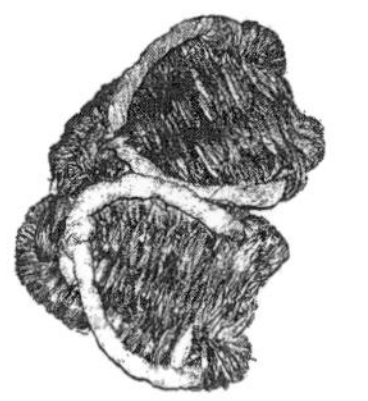

富士川で使用された草履

（旧鰍沢町教育委員会所蔵：撮影当時）

（郷土出版社編『定本富士川　笛吹川釜無川』より）

高瀬川でも同じようなものが使用されたという。

「（一部略）舟は十三艘なり、十五艘なりが一組になって繋いで行きよるわけですが、その先頭には五人の者が先曳きといって、五人並んで曳いたのどす。あとの舟には一人ずつ付いたのどす。」（『京都高瀬川』）

川端の舟道をこのように舟を曳く光景は他の河川には見られない。高瀬川だからこそできる舟曳きだが、貴重な証言である。そして下り舟は一艘ずつ船頭を載せて下ることになる。

船頭は足半《あしなか》という草履を履いていたという。実物はわからないが、富士川の船頭が踵《かかと》の部分のない、力を入れやすいやはりアシナカという草履を履いていた。名前からして同じものかもしれない。保津川の船頭が使っていた「ゴンゾウ草鞋《わらじ》」も踏ん張りを効かせるため内足側の踵半分をはみ出させて縛ったようだが、形としては踵部分がないものではない。高瀬川に何故富士川舟運で使われた草履が伝わったたか、興味はつきない。

大規模公共事業

高瀬川の工事で了以を悩ましたのが、用地買収と農民への補償である。現代の公共事業にも相通じるテーマである問題に、了以は如何に取り組んだのであろうか。

まず用地買収である。高瀬川年貢計画書（角倉文書）によれば、二条から五条間では川敷や舟入等として八千七百三十坪、五条丹波橋間では川敷として一万二千九百三十六坪、丹波橋より淀川（現宇治川）まで川敷として四千二百九十坪の用地を必要としている。これらの土地にはそれまで納めてきた年貢があった。買収費のみならず、了以は年貢の負担もしなければならなかった。

この用地の買収も順調にいったわけではない。農業水路が使われることは農民にとっては死活問題である。農民への補償が必要であるが、公的な権力を背景にしての事業ではない。反対運動に対しては粘り強い説得と補償が必要であった。今の伏見区に当たる竹田村の農民に対して、慶長十八（一六一三）年、次のような誓約書を入れている（角倉文書）。

一　今度竹田村田地之内へ舟入ほり申候儀、御知行の御本所方へ御理被成候而可被下候、如何程に而も御田地損申候程御年貢納所可申候事
一　右之舟入之水を竹田村田地末々まで用水之儀無異儀参候様に可仕候、少もさゝはりに成申間敷候
一　此舟入自然いつ迄も不入様候はゞ、もとのごとく田地に成様に仕候て返し可申候事
右の旨少も相違の儀候はゞ何時成共御奉行へ被申上候て可被仰付候、其時違乱申間敷候、為其状如件
慶長拾八年拾月十三日　　角倉了以（花押）

工事で損なった農地の年貢は引き受けること、高瀬川の水を農業用水として用いても異議のないこと、不要になった時はもとの田地にして戻すことの証文である。このようなことが、公権力の介入なしに解決できたことは当時としては画期的なものであった。

ところで高瀬川という大規模公共事業に、了以は七万五千両という資金を投じた。そしてこの事業で年間一万両の収入を得、角倉家にとって非常に旨みのある事業であったというのが世の通説である。しかし実状はどうであろうか。いくつかの資料から推察を交えることになるが検討してみよう。

明治二（一八六九）年三月に高瀬川に関する角倉家の管理は終わり、高瀬川および付属の地所も官

有地に編入された。明治政府は全国の土地を官有地と民有地に区分し、私有地で官有地に編入された土地については、明治三十二（一八九九）年四月、法律第九十九号「国有土地森林原野下戻法」を公布し、救済した。角倉家は明治三十二年九月から翌三十三年六月までに三回、高瀬川浜地等の下戻申請を行った。その結果、大部分の浜地は下戻されたが、さらに行政裁判所に訴を起こし、最終的な判決は大正四（一九一五）年となった。

この裁判記録（京都府立総合資料館所蔵）については、牧英正氏が「大阪市立大学法学雑誌第二十二巻」に詳しくまとめられている。高瀬川の工事費用や収入を知るためにも貴重な資料であるので、まずこのなかから、関連する箇所を取り上げてみる。なお裁判記録は長文であるので、取り上げた部分は最小限である。

明治三十二年九月二十二日　第一回申請書　地所下戻申請書

申請者　角倉満知　申請目的物（略）

事実

祖了以、慶長年間諸川開鑿之内、高瀬川二条以南五条以北ハ、包テ地所ヲ買得シ自費ヲ以テ河川ヲ掘リタルモノニシテ（略）其船賃ニ至テハ一艘一回弐貫五百文ヲ徴シ、内壱貫文ハ幕府ヘ納メ、弐百五拾文ハ船加功代ニ支払ヒ、全ク壱貫弐百五拾文ヲ取得トス、之ヲ壱ケ年及折返シノ通船八ケ月ヲ加算スル時ハ、年壱万両以上ノ通船所得アリシモノナリ

これが運賃収入の根拠となるものである。さらに明治三十二年十二月の第二回申請書では嵯峨川及び高瀬川開発に七万五千両を費やしていることを述べ、明治三十三年六月の申請書ではその根拠を次のように述べている。

角倉家高瀬川沿岸私有地下戻申請証拠物写
第十三号（高瀬川開発入費御尋ニ答ヘ書付明治十四年御尋書）
御尋ニ付奉申上候書付
嵯峨川筋東高瀬川筋開発砌諸入費高御尋相成候ニ付、旧記取調候ヘ共、玄汪右天明度火災ニ而旧記焼失仕、玄遠方右寛政度居宅焼失仕候ニ付、当今見合ニ可仕確書受ニ無御座候、是迄伝聞仕居候ニ者、凡七万五千円斗リ、了以自費以前書両川筋開発仕候趣申伝来候ニ付、此段奉申上候以上
明治八年亥四月十四日
角倉　玄遠㊞
角倉　玄汪㊞

以上の記録から見れば、一艘一回の運賃は二貫五百文（時期は不明だが、銀三十〜三十七匁）となり、このうち角倉家の収入は一貫二百五十文（銀十五〜十九匁）、舟加工代を入れると銀十八〜二十二匁となっている。したがって年一万両以上の収入があったとされる。この収入から見れば、七万五千両の開発費用もうなずける数字である。なお開発費用は、嵯峨川（保津川）及び高瀬川を合計したものになっている。しかし問題は、この船賃がいつの時点のものかである。船賃について検証してみよう。比較のために上り舟のみを取り出すことにする。（以下原文のママ）

『京都御役所向大概覚書』（享保四（一七一九）年頃刊行）によれば、
登り船一艘十五石積　伏見より京二条迄　十四匁八分

『京都府伏見町誌』によれば（元禄二（一六八九）年の数字）
登り船十五石積　伏見より京二条迄　八匁五分

伏見より京迄荷物舟賃定条々（元和四（一六一八）年『神頭家文書』京都市歴史資料館所蔵）によれば、

上り舟一艘十二石積　　こまかね三匁七分（その他舟・普請等費用一匁二分五厘）

つまり物価の変動とともに船賃もかなり上昇している。

元禄三年からは幕府に毎年銀二百枚を運上しているので、前記『京都御役所向大概覚書』の船賃はこれらを含むとすれば、裁判記録における角倉家の収入はこの時期よりかなり大きなものとなっている。

参考までに幕府への運上金を除いて、比較すれば、裁判記録の船賃は開発当初の元和四年に比べ、約六〜七倍となっている。開発時の運行状況が不明なので、開発費用を推定することは難しいが、開発費用と船賃との関係を考えれば、当初の開発費用は、七万五千両（含嵯峨川）という数字よりは大幅に低くなると思われる。

以下は、想像の世界である。

初期の高瀬川から、護岸の整備や流路の変更等を経て江戸中期以降の姿になった。改修の費用なども莫大なものであるに違いない。七万五千両というのは、初期投資

現在の木屋町通

額のみではなく、その後の投資額も加味した数字ではないかと思われる。先の裁判記録でも、角倉家の記録は火災で焼失し、伝聞によるとしているだけに正確なことはわからない。そして二貫五百文という船賃もかなり後の時期を前提としたのではないかと思われる。

また、『京都御役所向大概覚書』によれば、先に述べたが、高瀬川では元禄三年より毎年幕府へ銀二百枚を運上している。嵯峨川（保津川）の運上が銀二十枚であることから、高瀬川は市場規模からいえば保津川よりかなり大きなものであったといえる。

ただし、保津川、富士川と続いた工事だけに投資にも限界があり、初めから旨みのある事業であったとは思えない。角倉家に安定した収入をもたらしたのはずっと後になってからではないだろうか。いずれにしても、高瀬川の開通により、京都の物価は大幅に下がり、市民を喜ばせた。そして時代が下るにつれ、高瀬川舟運も軌道に乗り、角倉家の財政にも大いに寄与するようになったと思われる。

第八章　了以没後

高瀬川その後

慶長十九（一六一四）年七月十二日、角倉了以は、この年の秋の高瀬川の完成を見ることなく亡くなった。六十一年の波乱の人生であった。了以の構想により生み出された事業は、その子素庵に引き継がれた。荷を積んだ高瀬舟の姿を、京の街に見たのは素庵であった。

大規模公共事業は大きな利便性を与える一方、少なからぬ被害を受ける者が出てくるのも世の習いである。高瀬川の開通は京都に大きな繁栄をもたらし、街の在り様を変えていった。京都の市民の歓喜の一方で、それまで陸運により流通の役割を担ってきた車借《しゃしゃく》業者などの衰退する姿があった。

鴨川と桂川の合流するところにある下鳥羽は、陸上運送業者の集まっている場所であり、そこで陸揚げされた荷は荷車や馬で京都市内に運ばれた。車借や馬借《ばしゃく》と呼ばれるこれら陸上運送業者を統率していたのは、藤原家の子孫といわれる大沢家であった。大沢家とは素庵の時代に交友関係が生まれ、その後も親交を保っていたといわれる。

また伏見にも馬借・車借仲間がおり、特に伏見城建設後は京都市内への輸送機関として発達していった。

これらの陸運業者達にとっては、高瀬川による物資の輸送が軌道に乗ることは大きな痛手であった。高瀬川の開通後、伏見組車方惣中が角倉家を相手取って訴訟を起こした。その結果高瀬舟は三十六艘に制限されたというが、この約束はいつしか破られ、寛文九（一六六九）年には伏見奉行所に訴状が出されたという（京都市『京都の歴史（第四巻）』）。その後のいきさつは不明だが、公共事業は何時の世も悲喜こもごものドラマを生み出すものである。

痛手を被った大沢氏は、鎖国直前の寛永九（一六三二）年に安南国貿易に乗り出した。これも角倉素庵の影響なのか、想像すればきりがないのだが。

なお了以は、晩年、宇治・瀬田間を結び舟運と同時に琵琶湖の水位を下げ、新田を生み出す計画を幕府に提出した。幕府も賛成し承諾を与えたが実現しなかった。亡くなる直前までこのような事業の構想を考えた情熱は驚くべきことである。琵琶湖と京の街を結ぶ計画は、その後明治になって琵琶湖疏水として実現することになる。

了以の夢は朱印船貿易、保津川、富士川そして高瀬川で実現した。これらは了以の構想と実行力もさることながら、その子素庵という良き後継者にめぐまれたことも大きかった。

多彩な才能と折衝能力を生かした良き協力者であり、良き後継者でもあった素庵という人材にめぐまれ、残された事業に心を残しながらも了以は世を去った。

後継者素庵

角倉素庵は元亀二（一五七一）年、了以の子として生まれる。名は與一、諱は玄之《はるゆき》であり、藤原惺窩の門人であった。書を本阿弥光悦に学んで一家を成し（角倉流）、嵯峨本（角倉本）の刊行など多くの才能にめぐまれていた。了以の事業も素庵の力があってこそ実現できたといえる。

公共事業や朱印船貿易は時の権力との関係なしには実現できないものである。これは前にも述べた。了以がこのような権力組織とはある程度距離を置いていた分、これらの役割を担ったのが素庵であった。しかし、残された木像から受ける印象は穏やかな風貌である。とてもぎらぎらした政争の世界に身を投じるような人物とは思えない。むしろその誠実な性格が周囲の信頼を高め、それが事業の成功に結び付いたものと想像される。

また家康の命により、慶長十一（一六〇六）年から三年間、大久保長安とともに甲州・伊豆・佐渡の鉱山の調査に赴いたといわれる。河川の岩礁も鉱山も同じ岩を扱うからであろうか、素庵の能力はこのような面でも活かされたことになる。

ここで淀川の過書船について触れておこう。「過書」とは古くからあるが、江戸時代は幕府から与えられた関所手形をいう。過書船とは中世、過書を得て通行する船を意味したが、江戸時代は淀川の通行を公認された船の名称となった。慶長三（一五九八）年、秀吉は河村与三右衛門と木村宗右衛門に川船支配の朱印状を与えた。慶長八（一六〇三）年には家康からも朱印状が与えられた。過書船は大坂冬・夏の陣で家康のために尽力し、両役に動員された延べ船数三千五百六十余艘、水主七千二百二十余人に上ったという（『京都の歴史（第四巻）』）。

素庵もこの時、高瀬舟二十艘をもって、兵器を京より大坂に輸送し、中島・長柄両川に小舟数艘を繫いで船橋として人馬を渡らせた。

元和元（一六一五）年、過書船奉行の一人河村氏が病死し、息子が幼少のため、角倉素庵がこれに任命された。大坂の陣での働きもこの時に役立つこととなった。

淀川支配からくる収入は角倉家の財政に大いに寄与したと思われる。しかし、朱印状では運賃などの細かい規定があったが、実際には過書船奉行の裁量による部分も多く、その後の過書船仲間の横暴が米・材木などの貨物仲間の困窮や京の物価の高騰に結び付いたことも事実のようである。先に述べた寛文九（一六六九）年に出された訴状などもこの時の事情を反映したものである。

その後の素庵については林屋辰三郎著『角倉素庵』に詳しく語られている。いずれにしても了以という個性の強い偉大な父を持ちながら、父の影響下に沈むことなく、むしろ父の事業を開花させ、それとは別に自身の個性を生かし、文化面で独自の世界を切り開いた人間性には感心せざるを得ない。

民による公共事業

戦国大名の領地内では、国力の充実のため、河川整備や新田開発が多数行われた。この時代、それぞれの戦国大名の力は、武力もさることながら経済力の裏付けにより支えられていた。そのため農業のみならず商業面でもいろいろな施策がなされた。信長・秀吉のような統一政権になり得なかった北条・武田・伊達などの有力大名も同様である。

その後、統一政権の誕生や米中心の経済から貨幣経済への移行に伴い、物資の大量輸送も必要となった。これを受け入れたのが河川であり、このため多くの地方で民間の力による公共事業が行われた。

今まで見た角倉了以による河川開発のほかにも、兵庫県加古川、熊本県球磨川などでも舟運を目的に民間資本による事業が行われた。しかし、これらの工事の費用や開発後の状況などを知る手掛かりは極めて少ない。このため了以の実施した事業との比較は困難であるが、洪水などを防ぐための村民の出資による事業とは異なり、長期的に見ればやはり投資に見合うものがあったのであろうことは十分考えられる。

時代は下るが、橋梁においても民間により架橋が行われた例が多い。江戸時代、隅田川に架設されたいわゆる隅田五橋の内、新大橋・吾妻橋・永代橋の三橋は民間の力により架橋された。正確にいえば、新大橋・永代橋は、洪水などによる莫大な架替費用や維持費のため幕府は廃止を検討した。しかし、付近町民の要望により武士等を除く通行人から料金を徴収し、町人の維持による橋とされた。余談だが、永代橋については、文化四（一八〇七）年の深川八幡宮祭礼の際、多数の群集が押し寄せたため橋が崩壊し千五百人余りの死者を出すという悲劇が伝えられている。

一方、吾妻橋は、花川戸の家主伊右衛門と下谷龍泉寺の家主源八が架橋を幕府に願い出たところ、幕府は次のような条件を出して許可した。

一　通行人から、武士を除き渡橋賃二文を徴収するが、六年目からは幕府に毎年五十両を上納

二　洪水により吾妻橋が流出し、下流の橋に損害を与えたときは修理費用を負担すること。その額五百両の場合は三分の二、千両までは半分とする。二千両までは四割、二千両を超えると三割。

このような厳しい条件であったが、安永三（一七七四）年、長さ八十四間、幅三間半の橋が架けられた。

ところでこれらの橋の工事費はどれほどのものであっただろうか。例えば、両国橋（長さ九十四間、

幅三間半）は民間資本によるものではないが、元禄九（一六九六）年に架け替えられた時の費用は、二千八百九十三両余が掛かったとされている。ただし木材はすべて幕府支給であり、この費用は現場工事費であるとされる（松村博『論考江戸の橋』）。橋は材料費の比重が高く、使用する材料により全体の工事費はかなり異なる。特に杭に費用が掛かり、イヌマキを使用すると耐久性は良いが高価なものとなる。したがって全体工事費は現場工事費の数倍になる場合もある。

民間資本による吾妻橋の場合、全体の工事費は定かでないが、現場工事費は元禄以降も同じような金額で推移しているので、吾妻橋の場合も三千両前後であろう。材料費は不明なので民間資本がどの程度使われたかはわからないが、やはり投資した両人にとっては、架橋による周辺の開発にも魅力を感じていたとしても、かなりの負担となったと思われる。

なお時代は下るが、明治四（一八七一）年には次のような太政官布告「治水修路ノ儀」が出されている。

明治四年　太政官布告第六百四十八号

治水修路ノ儀ハ地方ノ要務ニシテ物産蕃盛庶民殷富ノ基本ニ付府県管下ニ於テ有志ノ者共自費或ハ会社ヲ結ヒ水行ヲ疎シ険路ヲ開キ橋梁ヲ架スル等諸般運輸ノ便利ヲ興シ候者ハ落成上功績ノ多寡ニ応シ年限ヲ定メ税金取立被差許候間地方官ニ於テ此旨相心得右等ノ儀願出候者之節ハ其ノ地ノ民情ヲ詳察シ利害得失ヲ考ヘ入費税金ノ制限等篤ト取調大蔵省ヘ可申出事但本文ノ趣管内無漏可相達事

これは民間人が道路改修や橋梁架設を行った場合、その報酬として一定期間の通行料の徴収を認めるものであった。これにより各地で民間資本による架橋なども進められた。

国家財政が厳しい状況にあった明治政府は、幹線道路の修繕や橋梁の建設をできるだけ民による公共事業に委ねたわけである。

いつの時代でも、民による公共事業の背景や成立する条件には次のようなものがあった。

一　為政者の財源の不足
二　為政者の民による公共事業への理解（消極的なものも含め）
三　民間資本家の存在
四　流通など社会情勢の変化
五　事業の採算性
六　事業実施後の関連地域の利便性の向上
七　住民など関係者の理解

このような条件により民による公共事業は実施されたが、すべてが満足するものばかりではない。事業実施後の維持管理を考えれば、採算が取れないものも数多かったことと思われる。また、事業実施で関係者との紛争を起こしたものもあるのが現実であった。

しかし、了以の場合は、このような条件もさることながら、別に事業に寄せる格別な想いがあったのではなかろうか。最後に想像のもとにこれを辿ってみたいと思う。

宗教家としての了以

第一章の「了以の理想」のなかで、「富を得たものは、さらに多くの富に執着するのが人の性である。その富が場合によっては権力と繋がり、自らの身を滅ぼしていった。あるいは、蓄えた富から得た虚構の権威に自らを陶酔させるものもいた。」と書いた。

時には世の激しい流れに翻弄され、悲劇の主人公となった商人も少なくない。このような商人でまず思い浮かべるのが、江戸後期、金沢（当時は加賀宮越）を舞台に豪商となった銭屋五兵衛である。五兵衛は北前貿易の中継基地である宮越を舞台に、海運業と高利貸しにより大きな財産を築き上げた。全国三十四ヶ所に支店を持ち、千石船を含む二百艘を超える船舶を所有したといわれる。加賀藩の黙認のもと、朝鮮近海からロシアなど外国との密貿易にも手を出し、当時の資産は約三百万両といわれていた。

密貿易に目をつむった加賀藩は、五兵衛に多くの御用金を課したが、五兵衛も加賀藩執政奥村秀実《おくむらひでさね》と結び、藩の御用船を管理し巨利を得たといわれる。しかし秀実の死後、反対派の黒羽織党に実権が移ると御用商人の地位を追われることとなった。

大きな足掛かりを失った五兵衛は、河北潟の埋め立てに手を染めることになる。開墾による利益を目論んだが、大変な難工事となり沿岸漁民からも激しい反対を受けた。真相は不明だが、五兵衛の三男要蔵は潟の魚類を殺すことを企てたという。死んだ魚による中毒死が問題となり、五兵衛親子は投獄された。その後、五兵衛は獄死、要蔵は磔《はりつけ》、銭屋は財産没収、家名断絶となった。

銭屋五兵衛の評価は様々である。密貿易とはいいながらロシアとの交易の開発や加賀の経済の発展など評価する向きも少なくない。スケールの大きな商人であったことは間違いないが、大きな富を得ながらも身を滅ぼさざるを得なかった人間の悲劇を、銭屋五兵衛というひとりの人間の生き様のなかに見ることができる。

二尊院了以墓
墓石は左二つが了以とその夫人、右二つが素庵とその夫人である。
素庵墓は化野念仏寺にもある

話を了以に戻そう。

激しい保津川の流れは、嵯峨の地に入ると穏やかな風景となる。そして嵐山中腹の大悲閣からは、はるかに京都盆地を見渡せる。了以の人生も保津川の流れのようなものかもしれない。いくつもの工事を手掛けた了以ではあったが、やはり最も心に刻み込まれたのは、大悲閣のある保津峡のこの地であったに違いない。激しい人生の流れを終え、大悲閣にある木像は静かに保津峡を見つめている。木像は臨終直前の遺命により造られたという。

信長・秀吉・家康と続く激動の時代を生きた了以の事業への想いはなんであったのであろうか。

長尾義三著『物語日本の土木史』には次のような一節がある。

「己を滅して、人々のためにつくす。仏への道は、土木事業の心に通じる。（一部略）仏教では内明《ないみょう》（仏教哲学）を第一とするも、医方明《いほうみょう》（医術）、声明《しょうみょう》（文法学、説話学）、因明《いんみょう》（論理学と修辞学）そして工巧明《こうくみょう》（工作、暦学、数学）の五明を重んじ、これに通暁することを理想とした。（以下略）」

長尾義三氏は、「利他行としての土木」という表現をしている。

困難さに挑戦しての了以の事業ではあったが、角倉家の将来を考えた資本家としての側面や事業を成し遂げた達成感が推進力となったのは当然である。しかしこれとは別に「利他行としての土木」に挑戦した宗教家としての想いを感じざるを得ない。

しかし、その真実の心根は四百年後の今となっては知ることはできない。

了以は妻、そして素庵夫妻とともに嵯峨二尊院に眠る。

資料

角倉家関連系譜

- 吉田 徳春《とくはる》
  - 宗臨《そうりん》（忠兵衛）
    - 宗忠《むねただ》〔與次 光信〕
      - 光治《みつはる》（与左衛門）
        - 栄可《えいか》
          - 休和 — 栄甫 — 与作
          - 女子（了以妻）
        - 幻也《こうや》
          - 休也 — 清左衛門 — 清兵衛
          - 女子（素庵妻）
        - 周三《しゅうさん》
          - 宗活《そうかつ》
            - 長庵 — 長遠
            - 宗以《そうい》（策庵） — 亀庵
        - 友佐
          - 道益 — 覚元
          - 守養 — 雪渓和尚
      - 宗桂《そうけい》〔養徳院 日華子 意庵〕
        - 角倉 了以〔與七 光好〕
          - 素庵〔與一 玄之《はるゆき》〕
            - 京角倉 玄紀《はるのり》〔與一 甫庵 庄七〕
              - 玄通《はるみち》（庄左衛門）
              - 玄高《はるたか》（平右衛門）
              - 玄順《はるより》（市丞）
              - 玄豊《はるとよ》（吉田三郎左衛門）
            - 嵯峨角倉 厳昭《かねあき》（平次）
              - 玄秀《はるひで》（平次）
          - 長因《ちょういん》

- 宗恂《そうじゅん》（意安）
  - 宗達《そうたつ》（意安）
    - 宗恪《そうかく》（意安）
      - 宗運
    - 金地院僧録可
    - 素元
  - 云宅
  - 傅庵
    - 宗佐
- 侶庵

- 光茂《みつしげ》（六郎左衛門）
  - 宗運
    - 周庵
      - 道宇（光長）
      - 久永
      - 光由《みつよし》（七兵衛）
  - 宗栄
    - 宗利
      - 少助
    - 岐山和尚
  - 壽印
  - 伯蒲和尚
- 曲菴
- 等玄
- 理珍比丘尼

- 堀
  紀兵衛（光雄）
  - 孫三郎
    - 宗左
      - 道可
        - 五左衛門

江戸時代の通貨

一　三貨（金銀銭）制度

江戸時代には金貨・銀貨・銭貨という三種類の性格の異なる貨幣が通用する独自の三貨制度がとられた。金銀銭の交換は厳密に言えば市場により左右され、変動した。

江戸幕府は御定相場として次のように定めた。

金貨

慶長十四（一六〇九）年、金一両は銀五十匁（約百八十七グラム）　銭四貫文（四千文）

元禄十三（一七〇〇）年、金一両は銀六十匁（約二百二十五グラム）銭四貫文（四千文）

秤量銀貨

秤量銀貨の通貨単位は貫および匁が用いられた。

一匁は三・七五グラム、一貫（三・七五キログラム）は一千匁

銭貨

銭貨の単位として、銭一貫は一千文。

御定相場が決められた時は金一両＝京銭（鐚銭）四貫文（永楽通宝一貫文）であったが、その後、東日本を中心に流通していた永楽通宝は通用停止となり、銭貨はすべて一枚＝一文となる。

二　**包金銀**

包金銀とは、一定量の金貨や銀貨を和紙で包み、額面表示・署名・封印をしたものである。製造は金座や銀座の責任者や信用ある両替商であるため、決済や上納金などにも使われた。銀四・三匁を一両としたことから銀十両四十三匁を一枚または一裹と呼んだ。

三　**圓貨**

明治四（一八七一）年、新貨条例により一円＝純金一・五グラムと定められ、これはそれまで流通していた一両とほぼ同じ量の金の分量である。しばらく圓は両と呼ばれた。

四　現代価値

江戸時代の一両を現在の価値に置き換えるとどの位になるかは、計算法により様々である。慶長時代を前提に試算をしてみると次のようになる。

○米一石当たり銀二十匁、一石は約百五十キログラム、現在の米価五キログラム二千百円とすれば一両は約十五万円となる。江戸中期以降の一石当たり一両で換算すれば一両は約六万円程度となる。

○第二章の記述にある遣唐使船の建造費からみれば、一両は約五十万円、江戸中期以降では一両は約二十万円となる。

註　江戸時代の物価スライドは米価によった。

米価の変動（中沢弁次郎著『日本米価変動史』より作成）　大阪における米価

年号	西暦	米一石当り（銀匁）	出来事
慶長 11	1606	20.00	
12	1607	20.72	
13	1608	22.74	
14	1609	19.25	
15	1610	17.54	
16	1611	17.54	
17	1612	15.03	
18	1613	15.03	
19	1614	15.03	大阪冬の陣
元和 元	1615	20.00	大阪夏の陣
2	1616	20.00	
3	1617	18.20	
4	1618	—	
5	1619	—	
6	1620	—	
7	1621	—	
8	1622	26.43	
9	1623	22.30	
寛永 元	1624	27.67	
2	1625	16〜23.8	
3	1626	20〜23.6	
4	1627	21.80	
5	1628	23〜25	
6	1629	23.50	
7	1630	23.75	
8	1631	24.00	
9	1632	24.50	不作続き
10	1633	29.38	
11	1634	35.30	
12	1635	38.50	
13	1636	46.50	
14	1637	52.50	島原の乱
15	1638	55.00	
16	1639	33.50	
17	1640	33.00	
18	1641	48.50	
19	1642	57.00	幕府、飢饉調査
20	1643	37.50	
正保 元	1644	30.75	
2	1645	30.00	
3	1646	27.00	
4	1647	30.00	
慶安 元	1648	28.00	
2	1649	29.25	
3	1650	39.00	
4	1651	33.25	
承応 元	1652	33.00	
2	1653	33.00	
3	1654	39.50	

年号	西暦	米一石当り（銀匁）	出来事
明暦 元	1655	39.00	
2	1656	41.00	
3	1657	34.50	江戸大火
万治 元	1658	50.50	
2	1659	54.75	
3	1660	69.75	
寛文 元	1661	51.50	
2	1662	42.75	
3	1663	55.00	
4	1664	51.50	
5	1665	50.75	
6	1666	54.75	
7	1667	54.00	
8	1668	51.75	
9	1669	62.25	
10	1670	54.25	
11	1671	47.00	
12	1672	48.00	
延宝 元	1673	55.50	
2	1674	74.50	
3	1675	63.50	凶作餓死多し
4	1676	58.50	
5	1677	42.00	
6	1678	45.00	
7	1679	54.25	
8	1680	68.50	
天和 元	1681	76.25	
2	1682	＊ 64.50	
3	1683	＊ 37.50	
貞享 元	1684	40.00	
2	1685	＊ 37.50	
3	1686	＊ 42.00	
4	1687	＊ 46.50	
元禄 元	1688	＊ 75.00	
2	1689	＊ 40.50	
3	1690	＊ 36.00	
4	1691	47.15	
5	1692	—	
6	1693	56.25	
7	1694	67.40	
8	1695	75.00	陸奥・弘前飢饉
9	1696	105.00	凶作津軽餓死多し
10	1697	90.00	
11	1698	105.00	
12	1699	＊ 66.00	
13	1700	＊ 56.70	
14	1701	86.50	
15	1702	105.00	北海道飢饉
16	1703	92.50	

（本書註）　＊は米百俵の価を一石当たりに換算して追記

米一石当たり（銀匁）（中沢弁次郎著『日本米価変動史』より）

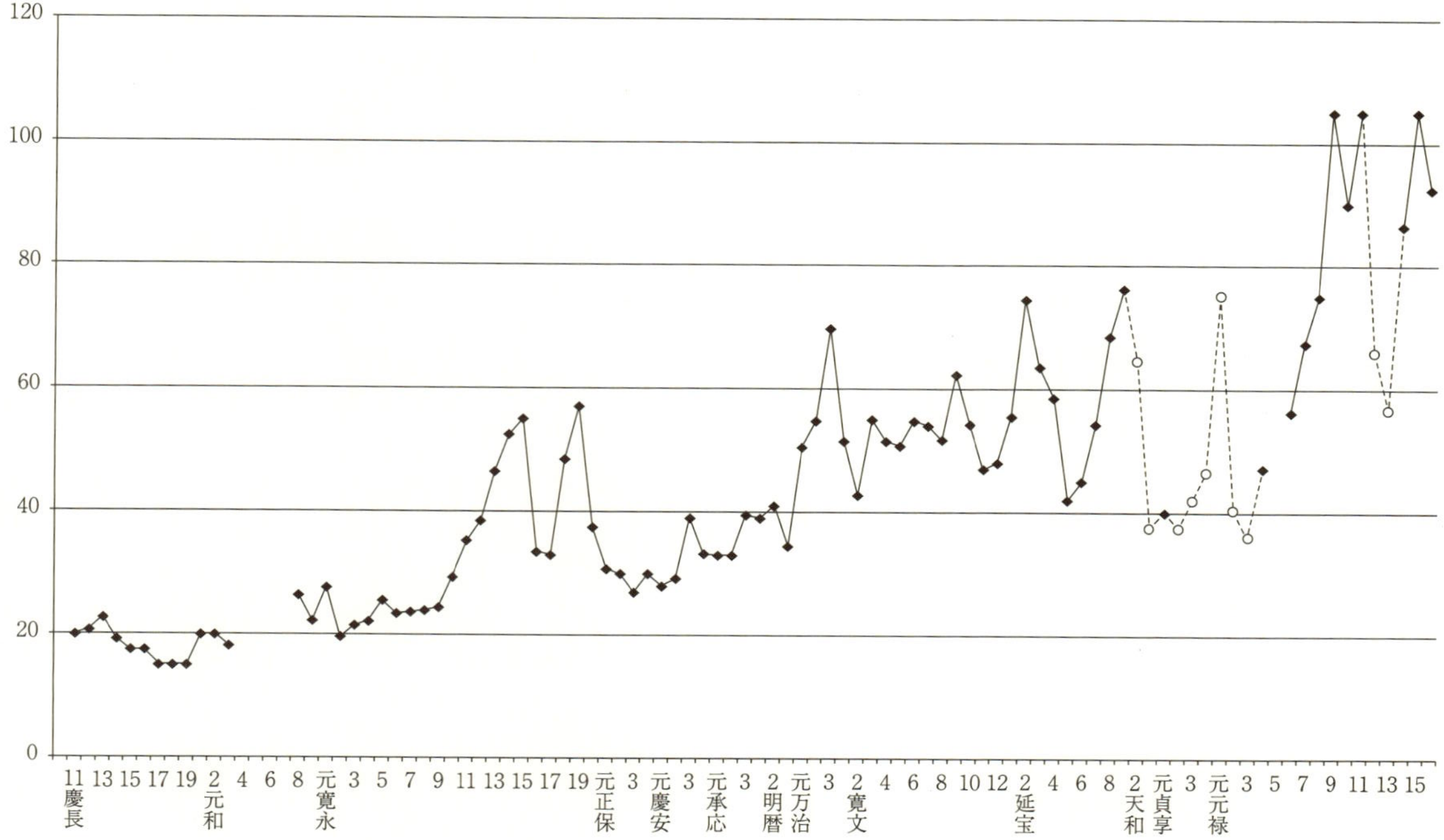

（本書註）　○----○は、前表で追記した＊付数値を表す。

関連年表

西暦	年号	事　項
630	欽明２年	最初の遣唐使犬上御田鍬（いぬがみのみたすき）派遣
894	寛平６年	菅原道真の建議により遣唐使廃止
907	延喜７年	唐滅亡
960	天徳４年	宋建国（1127年靖康の変までを北宋という）
1127	大治２年	宋、南に逃れる（以後を南宋という）
1180	治承４年	平清盛福原遷都
1271	文永８年	フビライ、元王朝を立てる
1279	弘安２年	元、南宋を滅ぼす
1336	建武３年	足利尊氏、室町幕府を開く
1341	暦応４年	足利尊氏、博多商人至本に請け負わせ、造天龍寺船を元に派遣
1368	貞治７年	元滅亡、明建国
1467	応仁元年	応仁の乱始まる。終わるのは1477年
1539	天文８年	角倉了以父宗桂、策彦周良と明に渡る（天文10年帰国）
1544	天文13年	宗忠、帯座座頭職および公用代官職に。この頃土倉も開始
1547	天文16年	宗桂、再び策彦周良と明に渡る
1554	天文23年	角倉了以、宗桂の子として生まれる。名は光好
1558	永禄元年	角倉了以祖父宗忠の長男与左衛門没
1568	永禄11年	信長、足利義昭を奉じて入京。戦国時代の終り
1571	元亀２年	角倉素庵生まれる。名は與一
1572	元亀３年	宗桂没
1573	天正元年	室町幕府滅亡
1579	天正７年	明智光秀、丹波平定
1582	天正10年	本能寺の変。信長、明智光秀に殺される。秀吉、光秀を破る
1583	天正11年	秀吉、大坂城を築く
1585	天正13年	秀吉、関白となる
1586	天正14年	秀吉、豊臣の姓を賜り太政大臣となる
1590	天正18年	徳川家康、江戸城に入る
1591	天正19年	豊臣秀次、関白になる
1592	文禄元年	文禄の役
1594	文禄３年	加古川舟運一期工事
1595	文禄４年	方広寺大仏殿完成。千僧供養。栄可・了以、日禛上人に小倉山を寄贈 秀次、高野山で切腹、妻妾子女三条河原で処刑
1596	慶長元年	慶長伏見大地震で大仏崩壊
1597	慶長２年	慶長の役
1598	慶長３年	豊臣秀吉没
1600	慶長５年	関ヶ原の戦い

1601	慶長６年	大久保長安、石見奉行に。板倉勝重、京都所司代に
1602	慶長７年	方広寺の鋳造中の大仏から出火、大仏殿も焼失
1603	慶長８年	了以、家康から貿易朱印状。第一回角倉船
		家康、征夷大将軍に、江戸幕府を開く
1604	慶長９年	加古川舟運二期工事始まる。慶長12年まで
		第一回角倉朱印船帰国
		家康、諸大名に課役、江戸城大改築始まる
1605	慶長10年	幕府、大久保長安・本多正純連名で保津川通船工事を許可
		家康、秀忠に将軍職を譲る。大御所と称される
1606	慶長11年	保津川通船工事（春～秋）
		角倉素庵、大久保長安と甲・豆・総三ヶ国の鉱山巡視
		家康、駿府を隠居地に。翌年移る
		幕府、了以に富士川通船工事を命じる
1607	慶長12年	富士川工事着工。幕府、天竜川の通船工事を命じる
		貿易朱印状の作成者豊光寺承兌死去のため、朱印状発行中止
1608	慶長13年	貿易朱印状の作成者、円光寺元佶となり、朱印船貿易再開
		天竜川通船工事、中止
1609	慶長14年	角倉朱印船、丹涯海門において難破
		秀頼、大仏殿再興を始める
1610	慶長15年	栄可・宗恂没
		角倉了以、鴨川疎通工事を開始
1611	慶長16年	了以、豊臣秀次の供養のため京三条に瑞泉寺を建立
		素庵、鴨川疎通と大仏殿工事の報告のため家康を訪れる
1612	慶長17年	了以、富士川工事を竣工させる。京高瀬川工事始まる
1613	慶長18年	貿易朱印状を得るが渡航せず、以後角倉家の海外渡航中絶
		大久保長安死去、遺産没収される
1614	慶長19年	譜代の老臣大久保忠隣改易
		幕府、豊臣家の方広寺大仏供養の延期を命じる
		富士川の改修工事の幕命、了以病気のため素庵が完成
		了以、京都嵐山に大悲閣千光寺を建立
		角倉了以、７月12日没、二尊院に葬られる
		秋に高瀬川工事完成
		大坂冬の陣
1615	元和元年	大坂夏の陣
		素庵、淀川過書船奉行になる
1616	元和２年	家康、駿府で没する
1622	元和８年	本多正純、所領没収される
1623	元和９年	秀忠、家光に将軍職を譲る
1632	寛永９年	素庵没
1662	寛文２年	林正盛、球磨川の工事に着手（寛文５年完成）
1669	寛文９年	寛文新堤工事開始、翌年完成
1690	元禄３年	この年より、幕府に高瀬川運上銀200枚、保津川運上銀20枚

参考文献

著者名	書名	発行	発行年
林屋辰三郎	『角倉了以とその子』	星野書店	一九四四
林屋辰三郎	『角倉素庵』	朝日新聞社	一九七八
京都市	『京都の歴史（第四巻桃山の開花）』	學藝書林	一九六九
京都市	『京都の歴史（第五巻近世の展開）』	學藝書林	一九七二
亀岡市史編纂委員会	『新修亀岡市史（本文編第一巻）』	亀岡市	一九九五
亀岡市史編纂委員会	『新修亀岡市史（本文編第二巻）』	亀岡市	二〇〇四
亀岡市史編纂委員会	『新修亀岡市史（資料編第二巻）』	亀岡市	二〇〇二
辻邦生・原田伴彦	『日本史探訪（第六集）』	角川書店	一九七二
岸哲男・山本建三	『丹波路』	写真評論社	一九七一
水本邦彦	『街道の日本史32「京都と京街道」』	吉川弘文館	二〇〇二
川島元次郎	『朱印船貿易史』	内外出版	一九二一
川島元次郎	『徳川初期の海外貿易家』	仁友社	一九一七
岩生成一	『新版朱印船貿易史の研究』	吉川弘文館	一九八五
田中健夫・石井正敏	『対外関係史辞典』	吉川弘文館	二〇〇九

永積洋子	『朱印船』	吉川弘文館	二〇〇一
異国日記刊行会	『影印本異国日記—金地院崇伝外交文書集成』	東京美術	一九八九
小倉貞男	『物語ヴェトナムの歴史』	中央公論社	一九九七
鈴木学術財団	『大日本仏教全書第73巻史伝部12』 （策彦和尚入明記初渡集・再渡集）	鈴木学術財団	一九七二
石井謙治	『図説日本海事史話叢書1「図説和船史話」』	至誠堂	一九八三
石井謙治	『ものと人間の文化史76—Ⅰ（和船Ⅰ）』	法政大学出版局	一九九五
石井謙治	『ものと人間の文化史76—Ⅰ（和船Ⅱ）』	法政大学出版局	一九九五
安達裕之	『日本の船・和船編』	日本海事科学振興財団	一九九八
藤田叔民	『近世木材流通史の研究』	大原新生社	一九七三
林屋辰三郎・上田正昭	『篠村史』	篠村史編纂委員会	一九六一
相馬大	『北山杉の里』	白川書院	一九七七
坂本喜代蔵	『北山杉の今昔と古建築』	大日本山林会	一九八七
川名登	『近世日本の川船研究下—近世河川水運史』	日本経済評論社	二〇〇五
亀岡市文化資料館	川船—大堰川の舟運と船大工	亀岡市文化資料館	二〇〇七
保津川の世界遺産登録をめざす会	『保津川下りの今昔物語』	保津川の世界遺産登録をめざす会	二〇〇九
岩原侑	『青い目の近江商人メレル・ヴォーリズ』	文芸社	一九九七
一柳米来留	『失敗者の自叙伝』	近江兄弟社・湖声社	一九七〇

藤田恒春　『豊臣秀次の研究』　文献出版　二〇〇三
小和田哲男　『豊臣秀次』　ＰＨＰ研究所　二〇〇二
永原慶二・稲垣泰彦・山口啓二　『中世・近世の国家と社会』　東京大学出版会　一九八六
近江八幡市史編集委員会　『近江八幡の歴史（第一巻）』　近江八幡市　二〇〇四
長尾憲彰・橋本健次　『京の古寺から8常寂光寺』　淡交社　一九九五
辻達也　『日本の歴史13江戸開府』　中央公論社　一九六六
齋藤吉見　『大久保長安』　ＰＨＰ研究所　一九九六
土木学会　『明治以前日本土木史』　岩波書店　一九三六
長尾義三　『物語日本の土木史』　鹿島出版会　一九八五
吉川茂正・水戸貞　『丹波志』　名著出版　一九七四
岡田信子ほか　『京都御役所向大概覚書』　清文堂出版　一九七三
兵庫県立歴史博物館　『加古川の舟運』　兵庫県立歴史博物館　一九八六
野川至　『近世の加古川舟運史』　加古川流域史学会　一九九一
小野市史編纂専門委員会　『小野市史（第二巻本編Ⅱ）』　小野市　二〇〇三
岡山県史編纂委員会　『岡山県史（第七巻近世Ⅱ）』　岡山県　一九八六
牛窓町史編纂委員会　『牛窓町史通史編』　牛窓町　二〇〇一
備前市歴史民俗資料館　『平成十三年度紀要淨光山妙圀寺』　備前市歴史民俗資料館　二〇〇二
岡崎博美　『わがまち浦伊部』　いきいき浦北　二〇一二

堀永休　『嵯峨誌』　臨川書店　一九七四

渡邊保忠　『日本建築生産組織に関する研究』　明現社　二〇〇四

遠藤元男　『日本職人史の研究Ⅱ古代中世の職人と社会』　雄山閣　一九八五

遠藤元男　『日本職人史の研究Ⅲ近世職人の世界』　雄山閣　一九八五

稲垣史生　『時代考証事典』　新人物往来社　一九七一

小柳津信郎　『改訂版近世賃金物価史史料』　成工社出版部　二〇〇六

鈴木浩三　『江戸の経済システム』　日本経済新聞社　一九九五

東野治之　『貨幣の日本史』　朝日新聞社　一九九七

中沢弁次郎　『日本米価変動史』　柏書房　一九六五

日本学術協会　『図説日本貨幣史普及版』　展望社　一九九〇

牧英正　『大阪市立大学法学雑誌第22巻〈資料〉』（京都高瀬川と角倉氏）　大阪市立大学　一九七五

鰍沢町誌編纂委員会　『鰍沢町誌』　鰍沢町　一九五九

鰍沢町誌編纂委員会　『鰍沢町誌（資料編）』　鰍沢町　二〇〇六

富士川町史編纂委員会　『富士川町史』　富士川町　一九六二

中富町誌編纂委員会　『中富町誌』　中富町　一九七一

山梨県　『山梨県史（資料編11近世4在方2）』　山梨県　一九九九

佐藤八郎　『大日本地誌大系甲斐国志（第二巻）』　雄山閣　一九九八

甲斐叢書刊行会　『甲斐叢書（第二巻、第三巻）』　第一書房　一九七四
十返舎一九　『十返舎一九の甲州道中記』　千秋社　一九八一
望月誠一　『富士川舟運遺聞』　文芸社　二〇〇七
郷土出版社　『定本富士川—笛吹川釜無川』　郷土出版社　二〇〇二
遠藤秀男　『富士川—その風土と文化—』　静岡新聞社　一九八一
建設省関東地方建設局甲府工事事務所　『豊かな未来を目指す甲斐の道づくり・富士川の治水』　関東建設弘済会　一九八九
石田孝喜　『京都高瀬川—角倉了以・素庵の遺産』　思文閣出版　二〇〇五
林屋辰三郎・村井康彦・森谷尅久　『日本歴史地名大系27巻・京都市の地名』　平凡社　一九七九
森浩一　『交錯の日本史』　朝日新聞社　一九九〇
伏見町役場　『京都府伏見町誌』　臨川書店　一九二九
森谷尅久・山田光二　『京の川』　角川書店　一九八〇
松村博　『論考江戸の橋』　鹿島出版会　二〇〇七
経済調査会　『ふるさと土木史』　経済調査会　一九九〇

あとがき

本書は、一般財団法人「建築コスト管理システム研究所」の機関誌である『建築コスト研究』の二〇一〇年七月から二〇一二年七月にかけての連載に加筆修正したものである。連載時には判明していなかった箇所が後の取材により明らかになったこともあり、連載内容をかなり書き換えなければならなかったことについては、お許しいただきたい。

雑誌の性格上、建設費用に関する部分もかなり取り上げることとなった。角倉了以の関係した工事に限らず、一般に工事費用に関する資料は極めて少ない。本書では、限られた資料をもとに、かなり大まかに工事費を推定した部分もある。工事費の推定は運賃収入からのものを主とせざるを得なかったが、これは運賃がほとんど角倉家の裁量に任されていたことによる。つまり工事費と運賃収入のバランスの上にある程度成り立っていたと思われるからである。

具体的な工事費の記載が出てくるのは、高瀬川の七万五千両という数字である。ほとんどの文献は、これを開発費用と捉え、一年間の運賃収入一万両とともに世の中に一人歩きしている。しかし本文でも触れたとおり、運賃収入も工事費用も開発当初のものではない。これも推定ではあるが、当初の開発費用は保津川・高瀬川合せて一万五千両から二万両程度ではないかと思われる。これが連載をまとめた結果の結論である。

いきなり工事費用の話になってしまったが、角倉了以については、林屋辰三郎先生の『角倉了以とその子』及び『角倉素庵』という名著がある。この本に書かれている部分については、それ以上の記述は難しいので、本書では簡単に触れさせていただいた。

『角倉了以の世界』にはいくつかの視点がある。

ひとつは角倉家の本業である商人としての見方である。二番目は実施した事業の性格つまり民間資本による公共事業としての捉え方である。三番目は了以の遺した遺跡の今日における価値であり、最後は了以の事業に対する想いである。これらは相互に関連のあることなのだが、以下順番に見てみよう。

まず商人としての見方であるが、了以の取り組んだ大事業のひとつに朱印船貿易がある。朱印船貿易以前の角倉一族には、岳父栄可の分も含め、どの程度の蓄えがあったのかは不明だが、朱印船貿易による収入が了以の開発事業を支えたのはいうまでもない。角倉船のような大型の朱印船であれば、一艘当たり三万両程度の利益があった。もちろん客商もあり、船の建造費や運航費用などを考えるとすべてが角倉家の収入となったわけではない。しかし、仮に半分としても一航海当たり一万五千両程度の収入があったことになる。当時としては、この収入の運用先にはどのようなものが考えられたであろうか。海外貿易へのさらなる投資があるが、この他には米の相場に関係したものや金融関係がある。だが、了以の目指したのは河川開発という事業であった。統一政権の発足は、米を中心とする大量の物資の輸送となって現れた。それまでの陸上輸送では限界があり、必然的に他の輸送方法が求められた。河川を利用した輸送方法はその条件を満たすものであった。つまり投資先としては世の中の要求を満たしながら、利潤の有効な使い道としては最適なものであった。ただし当然工事の困難さは予想され、投資に見合うものかどうかは開発当初ではわからない。それでも多くの工事に取り組んだのは、単なる商人の生業としての感情以上のものがそこにあったに違いない。

二番目は民間資本による公共事業という捉え方である。近代国家では公共事業は政府で実施するのが当然と思われている。しかし、かつての日本では、仏教の僧侶達によって実施された公共事業が数多くあった。例えば、道昭やその弟子である行基は、各地で橋や堤などの事業を実施している。また、空海による満濃池などの公共事業は、現在に至るまでその恩恵に与っている。資本の蓄積もなかった時代、僧侶による公共事業はかけがえのないものであった。その後、戦国大名により国力増強のための事業も実施されたが、統一政権の誕生とともに、物資の大量輸送の必要性からの公共事業の実施が急がれたのは、前に見たとおりである。しかし、当時の政権にこれらの開発を負担する財政力はなかった。そこで、これらの公共事業を担ったのが了以らの事業家である。了以のような事業家は何人か存在した。特徴的なのは彼らの多くが自費で取り組んだことである。もちろん開発後の利益も考えていたのは当然だが、社会的な事業としての捉え方も彼らに共通していた。

現在の我が国では、民間による公共事業としてＰＦＩ（プライベート・ファイナンス・イニシアティブ）事業が行われている。しかし、民間資本による事業とはいえ、最後は公共による負担が伴う。了以の事業のようなすべて民間で負担したものはほとんどない。財務的に見れば、公的負担は一切なく、運上収入まで幕府に入る理想的な公共事業であった。

三番目に、今日の我々に遺した了以の遺産である。保津川の舟下りは大変な賑わいとなっているし、木屋町通りは高瀬川と相まって、京都のさらなる魅力となる可能性を秘めている。

大悲閣の静かな佇まいは、ほとんどの観光客に知られていないが、嵐山における隠れた了以の遺産である。富士川については、残念ながら開発時の面影を残すものはほとんどないが、今でも「了以さん」と、富士川舟運の功労者として、その名を口にする古老もいるという。富士川舟運を糸口とした今後の観光への取り組みに期待される。

最後の了以の事業への想いであるが、近江商人の「三方良し」という言葉がある。これは、売り手・買い手・世間がすべて納得する商いを是としている。

公共事業に当てはめれば、売り手は事業者、買い手は事業の結果で便益を得るもの、世間とは一部の利益のみでなく、世の中全体への貢献になろうか。

了以の事業の場合、もちろん陸上事業者のように結果的に損害を受けたものもいる。しかし、朱印船貿易から得た利益の投資先としては、前に述べたように三方の条件を満たす最も了以の想いにかなった事業であったに違いない。

そして本文でも述べたが、宗教的な見地からの取り組みも了以の心情を後押しし、困難な事業の実現となった。

了以の事業を辿る取材の旅は、私が今までほとんど踏み入れたことのない場所であった。単なる観光でなく、その背後にあるものを僅かでも知り得たのも大きな喜びであった。そして、取材とともに了以の遺跡を巡る旅は新鮮な気分の連続であった。

最後に、取材にあたって御協力をいただいた亀岡市文化資料館、備前市歴史民俗資料館、富士川町教育委員会、京都府総合資料館、大悲閣千光寺、慈舟山瑞泉寺、各地の公立図書館の皆様、連載の発行元である（一財）建築コスト管理システム研究所の皆様、我々の仲間であるが、様々な御協力をいただいたＮＰＯ法人「建築から社会に貢献する会」の皆様、そして出版にあたり、多大な御尽力をいただいた㈱大成出版社の皆様に心から感謝申し上げます。

（著者略歴）

宮田　章（みやた・あきら）

1942年　東京で生まれる

1965年　日本大学理工学部建築学科卒

1995年　建設大臣官房審議官で建設省退職

㈳公共建築協会専務理事を経て

現在 NPO 法人「建築から社会に貢献する会」理事長

<著書>

『霞ヶ関100年』　（共著、公共建築協会）

『霞ヶ関歴史散歩』　（中央公論新社）

角倉了以の世界

2013年4月1日　第1版第1刷発行

著　者　宮　田　　章

発行者　松　林　久　行

発行所　株式会社大成出版社

東京都世田谷区羽根木1―7―11

〒156-0042　電話03(3321)4131(代)

http://www.taisei-shuppan.co.jp/

印刷　信教印刷

ISBN978-4-8028-3081-2